탐구히스토리

지산외유일지

지방 사대부 청년의 독립지사 성장기

정원택 지음 | 홍순옥 엮음

志山外遊日誌

鄭元澤

탐구당

志山外遊日誌 乾坤을 엮으면서

농장에서 동업하던 이우열 씨는 나의 절척으로 연령이 60여 세의 노인이요, 나의 가정과 왕래와 서신이 빈번하고 순진한 분이라, 나의 이 수첩일기를 위탁하고 본국으로 가는 길에 나의 가정으로 이 수첩의 전달을 의뢰하다.

지산 정원택

망명 중인 지산 정원택 선생

왼쪽부터 지산, 동성 김덕진, 단정 김진용, 벽초 홍명희
남양군도 외유 중일때

해방 후의 지산(왼쪽),
석린 민필호(신규식 선생의 사위)

해 제

홍순옥

「지산외유일지」는 지산 정원택 선생이 한일병합 다음해인 1911년(22세)부터 3·1운동이 일어나 상해에 임시정부가 수립된 다음해인 1920년(31세) 때까지의 일지이다.

지산은 간도생활, 북만주와 블라디보스토크를 거쳐 중국으로 유학했다가 남양(동남아)의 고무농장 경영생활을 하고 일시 귀국했다. 그는 다시 남만주에서 농장을 경영하다가 제1차 세계대전이 끝난 뒤 예관 신규식으로부터 독립운동의 거사밀령을 받고 길림에 들어가 여준, 박찬익 및 김좌진 등과 독립의군부를 조직하고 독립선언서 4,000장을 국내외 각지에 발송하고 파리평화회의에 76자에 이르는 전보를 쳤다. 그 뒤 상해로 건너가 임시정부가 수립되는 모습을 보고 자금을 얻으려 본국에 왔다가 잡혀 석방되는 경위가 이 일지에 담겨있다.

일지의 기간은 만 8년 4개월이다.

간도와 중국에서의 기록에는 수많은 독립운동계 명사의 동태가 보이고 북간도 동포들의 생활과 간민회의 조직(1912년 12월 11일 국자가),

동제사의 일부 활동내용 및 독립의군부, 그리고 상해 임시정부 수립과정 등이 엿보인다.

이러한 종류의 기록은 희귀하기도 하거니와 특히 일기체의 것으로는 처음 간행되는 것이다. 그 기간도 8년 반에 이르고 나라를 잃고 해외를 방랑하는 각층 인사들이 어떤 사고와 생활을 하고 있었는지 그 편린이나마 생생한 기록으로 담겨져 있어 소설체와는 또 다른 인상을 준다.

지산은 독립운동계의 거물은 아니다. 또한 그 기간이 합방 후 3·1운동에 이르는 한민족의 독립운동 역량 축적기요 잠복기라고 할 수 있는 시기로 그리 화려한 면은 없다. 그러나 이 일지는 그 기간의 지루한 공간을 메워주는 귀중한 자료라 할 수 있으며 등장인물의 비중과 수량으로 보아 가히 독립운동 이면사의 성질을 여실히 나타낸다.

지산 정원택은 연일 정 씨로 송강(정철)·장암(정호)의 후손으로 1890년 9월 27일 충청북도 연풍군 수회면 원천리(지금 충주시 수안보면 수회리)에서 태어나서 1971년 11월 28일에 돌아갔다. 11세부터 13세까지 김중흠에게 글을 배우고 14살에 청송 심 씨(판서 심상의 손녀)와 결혼했다.

젊은 지산은 1911년 국운이 점점 비색하여 한일합방을 겪자 더욱 답답증이 생겨 과객의 말을 듣고 고향 친구 성인호와 함께 경상도 종석 곽면우를 찾아갔으나 다시 실망하여 이어 대종교 줄을 찾아 북간도로 가게 되었다.

곧 곽면우는 경학만 이야기할 뿐 국난타개의 말이 없었고, 그가 그 뒤 찾은 충청도 논산의 조소천과 한산의 강석화는 독립지사들이 서북간도에 집결한다는 이야기와 중국 혁명운동 정세를 들려주었다. 지산은 대종교 도사교로 있다가 북간도 청호로 가있는 나철(인영)을 소개받았다. 성인호와 함께 서울 대종교 총본사를 거쳐 원산·청진·회령을 경유하여 두만강을 건너 북간도로 갔다(지산은 1966년 3월부터 1968년 4월까지 대종교 총전교를 지냈다).

학성촌에 들러 대종교에서 세운 학교장 집에서 첫날밤을 지새우고 화룡현縣 달라현峴의 박찬익 집에서 1박하였다. 또한 용정촌에서 연병환, 국자가(연길)에서 김원시·김서옥을 만나고 조소천과 모아산 아래 백순을 찾아 서울 총본사의 소개장을 주고 환대를 받았다. 이튿날엔 청호로 가서 대종교 지도자 나철(서울 교무를 김교남에게 맡기고 북지사北支司를 간도에 설립)을 만났다. 이때 고향에서부터 계속 동행한 성인호는 실망하여 귀국했으므로 지산은 홀몸으로 간도에 남게 되었다. 간도에서의 첫해 그믐에 친족 정영택을 후촌後村으로 찾아, 그 후 나철과 정영택 집을 자주 찾아다닌다.

그는 곧 백순의 가족과 함께 봉림동으로 이사하고 모범학교에 입학하여 중국어를 배우려다 파업을 일으켜 바로 그만두었다. 이렇게 1년간의 간도 생활이 지나자 지산은 북경유학을 꿈꾸게 되었다. 이때 나철로부터 지산이라는 호를 받았으며 도윤의 여권을 얻어서 떠났으나 1차는 실패했다. 두 번째는 드릴을 거쳐 블라디보스토크(이상설 주선)에서 배를 타고 한반도를 돌아서 중국 청도를 지나 상해에 닿았다. 이때부터 대종교의 신규식에게 의지하게 된다. 신규식은 한국인 신분으로 중국혁명에 참여하여 중국조야에 신망을 얻었고 동제사同濟社를 조직하여 독립운동에 힘쓰고 있었다. 지산은 신규식을 돕고 각지를 따라다니며 수많은 독립운동계 인사와 만나게 된다.

동제사의 여러 기념일 행사 및 총회가 이 일지에 보이는데 5월 20일(1913년)에 창립, 1주년 기념식을 했다 하니 동제사의 창립이 1912년의 같은 날이었음을 추측케 한다.

지산은 상업학교인 무상중학에 입학하나 5개월도 못되어 퇴학한다. 다시 우리 박달학원에 입학했다가 반년 만에 수료하고 항주의 체육학교에 2등으로 합격하였다. 그러나 일본 경찰(영사관 경찰)에게 등록을 하지 않았다는 이유로 검거되어 정이 떨어지고 만다. 친구 세 사람과 함께 남양에 가서 독립운동 자금의 기반을 닦고자 2년간의 상해생활을 청산하고 1914년 10월 홍콩으로 떠난다.

그들은 싱가포르에서 고무농장을 경영하게 된다. 그곳에서 만 3년을 지내다가 상해~일본을 거쳐 일시 귀국하였다. 1918년 중국인의 농장개척 교섭을 받고 동지 몇 사람과 북경에 갔다가 봉천에서 조소앙이 중국경찰에 체포된 것을 구출했으며, 또한 족형 정영택이 일본 정부대표 하라 다카시原敬(일본정우회 당수로 그 후 곧 수상이 됨)와 전후 만주를 영토로 하는 한국독립을 교섭하고 돌아온 기이한 대목도 보인다.

그 뒤는 궁태보宮太堡농장 경영 중 일이 만주 봉천을 중심으로 펼쳐진다. 추수를 마치고 기뻐하던 어느 날 신규식으로부터 독립운동을 추진하라는 밀서를 받고(1919년 1월 21일) 길림으로 가 박찬익, 조소앙, 여준, 김좌진 등과 함께 독립의군부를 조직한다. 이때 자금 1만원을 김약수로부터 강제 징수하는 드라마가 벌어진다. 독립의군부는 선전활동과 무기구입, 군사훈련을 시작하고 낭자군(여성으로 편성된 군대)을 조직한다(지산은 의군부에서 서무와 문교를 맡음).

지산은 또 임시정부 수립운동이 진행되는 상해에 구경하러 갔는데, 상해 인사들은 그가 지방대표로 감시하러 온 줄 알고 약간 두려워했으며 여기서 신규식과 의군부에서 상해에 파견한 조소앙 등을 만난다. 이 무렵 청년훈련을 주선하고 또한 자금이 모자라는 것을 보고 그 조달을 위하여 자진하여 신규식의 친서를 가지고 국내에 잠입했다가 일본 경찰에 잡힌다.

이때 김창숙의 편지도 부탁받았는데 잡힐 때에 이 정보만 알려줘 김창숙사건이 유명해졌다. 상해의 제2회 의정원 회의기록에는 출석의원 명단에 지산의 이름이 보이나 일기에는 이에 대한 구체적인 말은 없고 다만 이날 26명의 의원이 선출된 사실만 적혀있다. 지산은 10개월의 감옥생활에서 풀려나고 이 일기는 1920년 2월 25일(양력 4월 13일)자로 고향에 내려가 계모상을 치르며 후일을 기약하는 것으로 끝난다.

차 례

志山外遊日誌

약관 22세에 뜻을 세우다

1911년 10월 - 1911년 12월

1911년

음 10월 29일(양 12월 27일 맑음 22세) 면우俛宇 곽종석郭鍾錫 선생을 찾아뵙고자 경남 거창군 다전茶田으로 출발하니 거리가 360리다. 4~5년 전부터 국정이 날로 기울고 시사가 다난해짐에 따라 분한 마음을 품고 혹 초야에 은거하는 경륜의 선비가 있으면 그를 좇아 배우려고 14세 때에 30리나 되는 신당리新塘里 성암省菴 박주순朴周淳 선생을 찾아뵈었고 그 후에 충주 강북의 이李 선생도 찾아뵈었으나 모두 내 맘에 기대하던 바에 흡족하지 못하므로 가정에서 표현은 못하나 항상 우울한 마음으로 불쾌하다가 작년에 나라의 징조가 마침내 일본에 병합된지라, 더욱 분만한 마음을 가라앉히지 못하고 있던 가운데 하루는 경상남도의 길손이 와서 유숙하는데 곽면우 선생이 전년의 임금의 부르심을 받들고 응하여 가던 이야기를 장황히 하고 그의 덕망을 찬양하는지라, 그 과객에게 면우 선생의 거주지를 자세히 물어 기록하여 두고, 한 달 남짓 후에 한번 다녀오기를 부친께 여쭈었더니 허락지 않으셔서 그 후에 무릇 세 차례나 여쭈어 이제야 비로소 친히 가르침을 받들고 출발하는데 신대동新岱洞에 사는 성인호成麟鎬와 동반하여 길을 떠나니, 겨우 40리 되는 새재[鳥嶺] 동하원 여관에 투숙하였다.

11월 1일 (맑음) 아침식사 후에 성인호와 함께 새재 하문下門 문루에 올라 사방을 돌아보니 지난날을 그리워하며 지금을 슬퍼하는 감상을 금할 수 없었다. 임진왜란 후에 이곳이 영남·호남 사이의 중요한 지대로 인식되어 성첩을 높이 쌓고 삼중문三重門을 장엄하게 건축하여 왜적을 방비하더니 근자에 등한히 버려두고 수리하지 아니하므로 상·중 두 문은 퇴락하여 성의 흔적만 남아 있고, 오직 하문만 홀로 우뚝 솟아 있어서 과객의 발걸음을 멈추게 하더라. 저물녘에 함창咸昌에 있는 성인호의 처가에서 지새게 되었다.

11월 2일 (맑음)　아침식사 후에 길을 떠나 정오에 상주尙州에서 점심을 먹고 오후에 김천金泉에 이르러 기차 통행을 처음 구경하여 자못 유쾌하였으며 여관에서 지새게 되었다.

11월 3일 (아침 흐리고 저녁 비)　우두령牛頭嶺에 이르러 고갯마루 여관에서 유숙하니 이 고개가 높아 무주 덕유산德裕山과 맞서고 있었다.

11월 4일 (맑음)　우두령에서 다전이 삼십리 거리라 정오에 다전에 이르러 여관을 정하고 점심 후에 곽면우(종석) 선생을 뵈옵고 온 까닭을 고하고 늦게 여관으로 돌아오다.

11월 5일　아침식사 후에 또 면우 선생 댁으로 가서 그 문하생들과 서로 인사를 나누니, 전남에서 와서 머물면서 배우는 인사가 4~5인이요 경남 인사 내왕은 끊임없었다.

11월 10일 (맑음)　4~5일간이나 식사를 여관에서 하고 선생 문하에 왕래하며 가르침을 들었으나 역시 담담무미한 경학經學 토론뿐이요 신기한 현세경제론은 들을 수 없는지라, 역시 기대한 바에는 실망이라 아니 할 수 없었다.

11월 11일 (맑음) 생각해보니 올 때에 오래 체류할 식량도 준비하지 못하였고 또 기대한 바와 어긋나기도 하므로 돌아갔다가 다시 올 것을 고하니, 선생이 역시 말씀하시되 "독서에 반드시 집을 떠날 필요가 없으니 집에서 열심히 공부하되, 의심스럽고 어려운 데가 있으면 서신으로 서로 질문함이 가장 좋으니 그러한 방편을 취하라"고 하셨다. 오후에 고별하고 밤에 김천에 도착하여, 일가 어른 이우열李愚烈 씨 약국에서 새웠다.

11월 12일 아침식사 후에 따로 길을 떠나 성인호는 상주읍으로 먼저 가서 기다리기로 하고, 나는 선산善山으로 가서 증대고모께 뵈옵고 다음날 상주에서 만나기로 하였다. 밤에 선산에 도착하여 증대고모(그저께 찾은 이우열 씨의 어머님)을 뵈오니 이것이 처음 뵙는 인사였다.

11월 13일 (맑음) 더 묵으라고 만류하므로 떠날 수가 없고, 오후에 의관議官 단계丹溪 심정섭沈廷燮 씨를 뵈오니 역시 일가 어른이라 여기서 저녁식사를 하고 돌아왔다.

11월 14일 고별인사를 하고 길을 떠났다. 저녁에 상주 남문 밖에 도착하니 성인호가 길가에서 기다리고 있다가 함께 여관으로 들어가 저녁식사 후에 성 군과 남문 큰 길로 나가니, 이날 밤 달빛이 낮과 같은지라, 성 군과 산책하면서 앞날을 토론하는데 내가 말하기를 "이번에 우리 두 사람의 이 행동이 우물 안 개구리가 바다로 나온 것 같은지라. 만일 이번에 가정으로 돌아가면 가정의 교훈이 심히 엄격하시므로 원행을 다시 도모하기 극히 어려울지라. 지난날 부여에 있는 외종에게서 들으니 호남지방에 모모명사가 있어서 식견과 행사가 일반인보다 뛰어나서 보기가 어렵다 하니 우리들이 내일 아침에 호남 방면으로 방향을 바꾸어, 명사들을 많이 찾아 현재 세상의 돌아가는 형세를 찾고 들어 형편에 따라 우리가 갈 방향을 정함이 어떠하겠는가?"

성 군이 기꺼이 따르는지라, 그대로 약속하고 여관으로 돌아와 투숙하다.

11월 15일 (맑음) 이른 아침에 성 군과 동반하여 호남 방면으로 방향을 바꾸어 길을 떠났는데, 10리를 가서 아침식사를 하고 저녁 무렵 보은군 경계에 도착하여 여관에 투숙하였다.

11월 16일 (맑음) 아침에 늦게 떠나 옥천구령沃川鳩嶺 밑에 도착하여 여관에 투숙하였다.

11월 17일 (맑음) 아침에 떠나 저녁에 논산의 경계에 도착하여 여관에 투숙하였다.

11월 18일 (맑음)　논산에 이르러 여관에 투숙하였다.

11월 19일 (맑음)　석성삼산石城三山에 이르러 조소천趙小泉 선생을 방문하여 유숙하는데, 소천 선생은 어릴 적에 학문에 열중하여 성실히 임하다가 갑오(1894) 후에 세상이 크게 변함을 각오하고 동문의 절친 은계隱溪 백순白純, 호석湖石 강석화姜錫華 씨와 함께 상경하여 청년회관의 신진 유지 여러 명과 결탁하고 고향으로 돌아와 학교를 설립하고 총명하고 준수한 자제들을 다수 소집하여 무예를 교육하더니, 합병 이후에 당국으로부터 해산을 당하고 칩거하여 농사에 힘쓰고 있는 중이었다. 이날 밤 나는 선생께 가르침을 청하였고, 선생은 생각하는 바와 견문으로 현세계의 추향이며 중국의 풍운과 조선 장래의 상태를 통론하여 나의 흉금을 열어주었으며, 선생이 계속하여 말하되 "요즘 조선의 총명하고 준수한 자제들은 서북간도에 운집하여 조선광복을 바라며 중국혁명에 협조하는 이도 많다."고 하였는데, 내 이 말을 들으니 마음이 급하여 일어서서 청하기를 "소생이 이번에 간도로 곧 달려가서 중국으로 방향을 바꾸고자 하오니, 원컨대 선생은 앞길을 지도하소서." 소천이 말하기를, "군이 만일 이와 같이 뜻을 굳히면 좋은 일이다. 내 응당 힘써 주리라. 여기서 40리 밖의 백마강 기슭 한산韓山 땅 장정리長亭里에 한 분의 은일고사隱逸高士가 계시는데, 문장경륜과 언론풍도가 옛적 은사隱士에 못지않으며 또 이분이 비록 은거해 있으나 북간도에 사는 지사들과 뜻이 통하여 만일 소년으로서 뜻이 군과 같은 이가 있고 가히 믿을 만하면 지체 없이 곧 통달케 하는 것이니, 이 분이 인재를 선발하는 책임을 부담한 까닭이라. 이 분은 나의 절친이요, 호는 호석인바, 내가 한 통의 서신으로 소개할 것이니 내일 휴대하고 가서 찾아보라" 하였다.

11월 20일 (맑음) 이른 아침에 선생이 한 통의 서신을 써주며 말하기를 믿을 만한 사람의 소개서가 아니면 당사자에게 서신을 전할 수 없을 것이라 한다. 아침을 먹은 뒤에 서신을 휴대하고 소천께 고별하고 한 조그마한 고개를 넘으니 문득 뒤에서 크게 부르는 소리가 들렸으므로 돌아다보니 점점 가까워지매 소천 선생이라. 선생이 앞으로 다가와서 웃음을 머금고 말하기를, "내가 잠깐 잊었는데, 다만 서신만 휴대하는 것이 소홀할 듯하니 나와 동반함이 절실할까 한다." 선생과 동반하여 강기슭에 다다르니 마침 나룻배가 없는지라, 선생이 아는 상선을 불러 함께 강줄기를 따라 5리 남짓을 가니 강기슭 산기운이 맑고 빼어났으며 암석이 깨끗하더라. 배를 버리고 육지로 올라 들길을 따라 마을 입구로 들어가니 죽림과 수양 우거진 이면에 7~8가구의 작은 촌락이 은은히 잠겨있는데 가야금과 글 읽는 소리가 멀리 들리니 짐짓 은일고사의 선장仙庄인 듯 시원하고 상쾌하게 세상의 더러움이 씻기는 듯하더라. 소천 선생이 문으로 들어가 당堂에 오르니 주인 선생이 온화하게 일어나 영접하고 자리를 나누어 예를 한 뒤에 소천이 나를 주인 선생에게 소개하며 동반하여 온 사정을 자세히 말하더라. 내가 호석께 배알하니 선생은 체질이 중후하고 목소리가 맑고 크더라. 선생이 나를 보고 탄식하여 말하기를 "조선사대부집 자제는 관점이 좁아서 의지와 기개가 전혀 없으니, 이것이 우리국가의 쇠약한 큰 원인이요. 간혹 저 소년과 같은 분탈용진奮脫勇進하는 자가 있으나 선각의 지도를 얻지 못하여 좋지 못한 길로 잘못 드는 자가 적지 않으니 몹시 아까운 일이 아니겠는가. 현재 조선인 선비의 기량이 있는 자는 마땅히 분겁맹진奮劫猛進할 시기라. 방금 중국에서는 손일선孫逸仙·황흥黃興 두 명이 동지를 규합하여 옛 국토를 광복하려 하는데 천하건아들이 눈을 크게 뜨고 주목하는지라. 우리 조선 청년 중에도 용감하고 지략 있는 자는 다수가 가담하여 활약하는 모양이라." 하며, 따라서 세계대세의 흐름이며 중국과 조선의 장래 관계가 여하히 된다는 것이며 현재의 재만동포의 정세며, 언론이 널리 퍼져 장강대하長江大河의 홍류洪流와 같은지라 모두 내가 처음 듣는 이야기이다. 그 이야기에 심취하여 용기가 일어나, 급한 마음이 일각이 삼추와 같다. 호석 선생이 말씀을 이어 "군이 만일 진취하려고 결심한다면 내가 소개하여 앞길에 거리낌이 없게 하리라. 경성에 대종교 총본부가 있으니 홍암 나철 선생이 도사교 교무를 맡아 처리하다가 올 봄에 북간도 청호靑湖로 건너가서 산북지사山北支司를 설립하고 교세를 널리 포교하고 있으며 경성본사에서는 무원茂園 김교헌金敎獻 선생이 교무를 대리하며 오혁*吳赫(대종교 창단 멤버인 손암巽菴 오기호吳基鎬의 대종교 교명)·유근柳瑾 두 분이 직무를 맡아보고 있는 중인데, 내일 아침에 내가 서신으로 소개하리니, 만일 본사에 이르러 북간도로 가겠다고 하면 통행에 안전하고 거리낌 없는 방법을 얻게 하리라."

이야기를 듣는 동안에 촌닭이 새벽을 알려주었다.

---

* 1983년판에는 오혁에 대해 "후일 독립운동의 중진인 오석吾石 김혁金赫으로 본명 김학소金學韶"라고 소개하고 있다.(편집자 주)

11월 21일 (맑음)　아침식사 뒤에 호석 선생이 두 통의 소개 서신을 써서 주기에 행장에 넣고 두 분 선생을 고별하니, 호석·소천 두 분 선생이 5리 강기슭까지 따라 이르러 전송하며 말하기를, 엄동설한에 먼 길을 가는데, 더욱이 큰 산과 험한 고개가 거듭되니 심히 걱정이 된다고 하였다. 30리 밖 석성石城 경계에 이르니 성인호 군이 여관에서 기다리고 있는지라 함께 여관에 투숙하였다.

11월 22일 (아침에 눈이 오고 낮은 맑음)　공주읍에 이르러 쌍수산성雙樹山城에 올라가 보니 성 둘레가 협소하나 기묘하게 생긴 돌과 빼어난 수목, 그리고 강가에 있는 문루가 참으로 아름다운 경치이며 공북루拱北樓의 창연한 고색이 나그네의 회포를 더욱 느껴지게 하였다. 금강을 건너 여관에 투숙하였는데, 이날 저녁에 성 군과 앞으로 나아갈 방책을 상의하니 때는 몹시 추운 겨울이요, 앞길은 3,000여리라, 북녘길의 태산준령과 혹한에 쌓인 눈이 가히 두려운 바이나, 결심한 이상 전진이 있을 뿐 후퇴는 없다. 여비가 가장 긴급한 문제이니 계획을 세워 방안을 마련하기 위하여 성 군과 다음날 갈라졌다가 경성에서 만나기로 약속하고, 집에 글을 올리되 내용은 "곽면우 선생 댁에서 유학하오니 겨울을 지낼 식비와 지필대를 청구함"이었다.

11월 23일 (맑음)　아침에 성 군은 나의 서신을 휴대하고 괴산 본가로 출발하고, 나는 경성으로 향하니 주머니 가운데 남은 돈이 70전에 불과한지라 이날 밤에 부득이 촌집에 투숙하였다.

11월 24일 (눈) 　불과 50리를 가서 여관에 유숙하였다.

11월 25일 (맑음) 　수원 군포장軍浦場에 이르러 여관에 투숙하였다.

11월 26일 (흐림) 　경성에 이르러 인사동 객점에 체류하고 소격동 대종교 총본사를 방문하여 호석 선생의 서신을 전달하니 환영하며 반가이 맞아주었다. 이날부터 여관에서 식사하고 본사에서 투숙하니 잠자리가 극히 편안하였다.

11월 27일 (맑음) 　내가 경성에 처음 도착한지라 시가에 나가 구경하고 남산에 올라 전경을 두루 보고 늦게 돌아왔다.

11월 28일 (맑고 심히 추운 날씨) 　이날 저녁에 생각나는 것은 만약 성 군이 여비를 얻어오지 못하면 깊은 겨울 먼 길의 고생을 이루 말하기 어려운지라, 한 계책이 마음에 떠올라서 속으로 정하고 날이 밝기를 기다렸다.

11월 29일 (흐리다) 　아침식사 후 서문 밖으로 가서 이주영李周榮을 방문하여 친교를 전달하고 "경성에 체류할 여비가 부족하니 금액 70원을 빌려 달라"고 하니 다행히 뜻과 같이 빌리게 되어 앞길은 거리낌 없이 되었다(이주영은 원래 동향인으로 나의 가정형편을 잘 아는지라 단연코 의심치 않더라).

저녁에 성인호가 겨울을 지낼 의복과 학비 수십 원을 가지고 온지라, 이날 저녁에 대종교 총본사로 성 군과 같이 가서 김교헌·유근 선생에게 북간도로 떠날 방편을 토의하여, 가는 도중에 방문할 곳을 상세히 기록해두었다.

11월 30일 (맑음)　아침식사 후에 행장을 챙겨 출발하여 동소문으로 나가 겨우 의정부 40리 지점에 도착하여 여관에 투숙하다. 이때에 경원선京元線이 공사 중이어서 겨우 의정부까지 통행하였다.

12월 1일 (아침은 맑고 저녁에 눈)　토성土城에 도착하니 남자·부인·아동 5~6인이 이사 가는 모양으로 길가 햇볕이 쬐는 곳에서 쉬는 중인데 멀리 가는 듯한지라 내가 묻기를, "어디로 향하시는지요?" 한즉, "북간도로 갑니다." 하거늘, 성명을 통하니 최운암崔雲岩이라. 동반하여 여관에서 함께 투숙하였다.

12월 4일　밤에 원산항에 도착하여 여관에 숙박을 정하였다.

12월 5일 (눈이 오고 늦게는 맑음)　소개장을 휴대하고 조종구趙鍾九와 황기율黃起律을 방문하여 앞길이 험난할 것을 탐지하고 남산에 올라가 원산 선경을 두루 보고 명사십리明沙十里에 나가 해양의 파도며 선함의 내왕을 관망하니 모두 처음 보는 장관이었다.

12월 6일 선창에 나가 배 떠나는 날짜를 묻고 배표를 사니 원산에서 청진까지 한 사람에 3원 80전이었다.

12월 7일 (흐림) 최운암 일행과 총 9인이 함께 배를 타고 오전 10시에 출항하니 파도가 심하여 앞이 보이지 않을 정도이며, 나는 처음 하는 항해라 뱃멀미가 심하여 선창에 누워야만 했다.

12월 8일 아침에 경성鏡城 독진항獨津港에 정박하거늘, 내가 경성京城에 있을 때에 경성鏡城 주논리朱論里(지금의 주을朱乙)에 거주하는 차병철車炳喆과 그 집에 머무르고 있는 김두봉金枓棒·박승익朴勝益 등 3명의 명성을 많이 들었고 또 소개서가 있는지라 가는 길에 한 번 만나 보고자 육지에 내리니 성 군과 최 씨 일행도 모두 따라 내려서 여관에서 아침을 먹고, 나는 주논으로 눈을 무릅쓰고 떠나니, 노정이 30리 거리이므로 저녁때도 채 되지 못하여 도중에서 여관에 투숙하였다.

12월 9일 아침에 길을 떠나 주론 차병철의 집에 도착하니 김두봉과 박승익은 북간도와 노령으로 이미 가고 주인 차병철 형제는 집에 있어서 나를 반가이 맞아주었다. 아침식사 뒤에 잠깐 이야기를 하고 돌아오려 하니 주인이 만류하나 동행이 독진에서 기다리고 있기 때문에 독진에 해질 무렵 돌아오니 성 군과 최 씨 일행이 이미 떠나고 없는지라, 날이 저물었음에도 불구하고 출발하여 청진에 도착하니 밤은 이미 10시요, 낯선 곳에서 동반을 찾지 못하여 방황하며 주저하고 있는데, 또 여비도 갖지 못한지라, 한참 동안 애를 태우다가 한 여관을 찾아 사정을 이야기하니 주인이 환대해 주어서 투숙하다(주인은 경성京城 사람으로 여기 와서 영업한다는 것이다).

12월 10일 (맑음) 일찍 일어나서 탐문하니 동반일행이 청진을 통과한 행적이 있는지라, 곧 출발하여 십여 리를 가니, 길옆 여관에서 성군이 나를 맞았으므로 최 씨의 거취를 물은즉, 먼저 갔으나 멀지 않은 거리에 있다 하여, 5리쯤 가서 또 최 씨 일행을 만나서 저물녘에 같이 여관에 투숙하였다.

12월 11일 (맑음) 저물녘에 회령읍會寧邑에 도착하여 여관에서 저녁을 먹고 소개장을 갖고 이용대李容大를 방문하고, 여관에 돌아와서 집으로 서신을 쓰는데, 도중 서울에서 금액 70원을 차용한 사정이며, 곽면우 집에서 떠난 지 한 달이 넘었고, 그간 충남으로 경성으로 돌아다닌 이야기며, 중국으로 건너가는 도중 지금 회령에 도착하여 유숙 중인데, 내일 아침에는 두만강을 건너서 중국지역으로 들어가게 되는 사정을 품달하였다. 생각해보니, 이 서신이 도달되는 때는 집에서 의외로 큰 놀라움이 일어날 듯하여 죄송하나, 사실을 알려드리지 아니 할 수 없었다.

志山外遊日誌

간 도

1912년 1월 – 1912년 10월

1911년

12월 12일(양력 1912년 1월 1일 맑음) 아침식사 후, 일행이 행장을 정리하고 출발하여 십 리쯤 가니 두만강 기슭이다. 물이 깊고 파도가 거칠어서 두려운 마음이 없지 않으나, 배를 타고 안연하게 건너가니 마침내 고국 땅을 떠나 십여 리를 가서 학성촌學成村에 사립학교 교장 조병학趙炳學 씨를 방문하고, 일행이 쉴 수 있도록 하고 투숙하였다. 이 학교는 청호靑湖에 있는 대종교에서 교인 조병학을 파견하여 설립한 학교이니 학생이 모두 조선인이요 거류민도 대다수가 조선인이며 산세의 맑고 수려함과 민속의 순고함이 고국과 다를 것이 없어서 다른 나라 같지 않은 느낌이었다.

12월 13일 (흐림) 호령胡嶺(오랑캐령)을 넘어서 화룡현和龍縣의 달라현達羅峴에 도착하니, 남파南坡 박찬익朴贊翊 · 정암貞菴 윤정현尹廷鉉 씨가 먼저 가서 가족을 모두 옮기고 민족운동과 국민교육에 노력하고 있었으며 일행이 양가에 나누어 투숙하였다.

12월 14일 (맑음) 용정촌龍井村에 이르러 박남파의 소개로 연병환延秉煥 씨를 방문하니 연 씨는 충청북도 사람으로 어렸을 때에 영국으로 떠나서 영국에서 유학하여 영어에 숙달하니, 세관에 취직하여 월급이 풍부하더라.

연 씨가 동향의 의리로 만류하여 투숙하고, 최운암은 가족을 인솔하고 연길현延吉縣 국자가局子街(연길)에 있는 김원시金源始 씨 집으로 갔는데, 그도 역시 최와 동향 친한 친구로 먼저 와서 거주하고 있었다. 저녁밥을 먹은 뒤에 주인 연병환(호는 석촌石村)이 소개하여 김단옥金端玉(호는 석강石崗) 씨를 방문하니, 김 씨는 충남 홍성 사람으로 국치 후에 여기 와서 은거생활을 하는 사람인데 지조가 고결하다는 소문이었다. 용정은 역시 북간도에서 번화한 시가이다.

12월 16일 (맑음)　아침식사 후 길을 떠나 모아산帽兒山 밑에 은계 백순 선생 댁에 도착하니, 선생은 즉 지난날 임천林川 강호석姜湖石 · 석성 조소천 선생과 동문의 막역한 벗이었다. 서울 총본사로부터의 소개서를 올리니, 선생이 친조카와 같이 대하여 주셨으며 나도 역시 오래 머물러 있기로 뜻을 정하였다. 선생이 가족을 인솔하고 여기에 도착한 지 해가 넘은지라, 여러 지사志士 중 그를 존중하지 않은 이가 없으며, 대종교의 도사교 나홍암羅弘岩 선생이 의지하는 바요, 연석촌延石村 · 김석강金石崗과는 비슷한 연배로 친분이 더욱 두터운 사이였다.

12월 19일 (눈)　정재貞齊 박승익朴勝益이 청호로부터 도착하니 박은 충주 사람인데, 여기서 비로소 인사를 나누게 되었다(지난날 주논에서 일부러 방문했던 2명 중 한 명이다).

12월 22일 (맑음)　성 군과 내가 박승익을 따라서 청호로 출발하니 노정이 110리라. 저물녘에 청호에 도착하여 도사교 홍암 선생을 뵈었다. 선생은 본명이 나인영羅寅永 씨이니 전남 낙안樂安 사람으로 젊은 시절에 문과에 올라 벼슬이 주서注書가 되고, 갑오개혁 후에 민족운동에 여러 방면으로 노력하다가 효과를 얻지 못하고 백봉신사白峰神師의 전수를 받아 기유 정월 15일에 대교의 진리를 다시 밝히고자 하늘에 고하고 초연하게 세상으로 나가 사교포덕司教布德하다가 서울 총본사 교무를 무원 김교헌 선생에게 위임하고, 백두산 북면 청호에 도착하여 산북지사를 설립하고 교인 자제를 소집하여 국민정신을 교육하니, 박승익이 교무를 전임하고 윤묵尹默(경성인境城人)·심근沈槿(해주인海州人)은 지사의 교무를 분장하였다.

12월 25일 (맑음)　성 군과 동반하여 모아산 은계 선생 댁에 돌아왔다.

12월 26일 (맑음)　성 군과 동반하여 국자가에 가서 최운암, 김원시를 방문하였다.

12월 27일 (맑음)　모아산에 돌아왔다. 이날 저녁에 성 군이 떠나면 이국땅에서 고적한 느낌을 참지 못하여 눈물을 머금고 말하기를, "우리 두 사람이 어버이와 이별하고 선영先塋을 버리고 멀리 떨어진 지역에 온 바 큰 사업과 큰 희망을 기대하고 와서 보니 단서가 묘연하고, 또 내가 요즘 심경이 극히 슬프고 약하여 오래지 않아서 병이 날 징조가 있으니 아무 의지할 곳도 없이 만일 절박한 경우를 당하면 아우의 불행이 즉 형의 불행이라. 우리 두 사람이 거취를 결정하지 못한다면 조속히 집으로 돌아가 집을 보존하고 부모를 돌보는 것만 같지 못하다" 하며 내일이라도 귀국하기를 간청하는지라 나는 밤을 새워가며 진심으로 위로하나 이루지 못하고 다음날 아침에 성 군은 귀국하기로 결정하고 나는 이미 여기까지 왔으니 남아서 형세를 보다가 서서히 방편을 도모하기로 결정하였다.

12월 28일 (맑음)　성 군이 귀국의 길을 떠나는데 주머니에 남은 돈 30원을 성 군에게 귀국여비로 내주고 동반하여 두만강 기슭에 이르러 전별의 악수를 나누고 돌아오니, 해외까지 동반하여 온 친한 친구를 멀리 떠나보내니 너무 슬퍼서 그 마음을 형언할 수 없었다. 서로 돌아보고 거듭 돌아보니, 걸음이 느릿느릿하여 어느덧 해는 저물어 가는지라 학성학교 조병학 처소에 와서 새웠다.

12월 29일 (눈)　용정촌 김영학金永學 집에 도착하여 유숙하였다.

12월 30일　모아산 백은계 선생 댁에 도착하였다. 선생이 원래 재산을 소홀히 하여 가진 것이 없는 빈한한 가세로 절역絶域에 옮겨 왔으나, 사람들 살림살이에 필요한 물건을 갖춰 살아갈 방도를 세우는 것이 심히 번거로워서 지내기가 심히 곤궁한지라, 내가 가진 돈 30원을 모두 선생의 자제 백철白哲에게 내주어 오는 봄에 농사짓는 동안 먹을 양식을 준비케 하였다. 이날 밤은 선달그믐 밤이라 부모를 모시던 이들이

측근을 떠나 밖에 나와 있으므로 백가지 감정이 교차하던 중인데 선생이 나에게 말씀하시기를 "문족 정안립鄭安立(원명 영택永澤)이 한 달이 조금 넘기 전에 북녘 땅으로 와서, 일전에 후촌 윤영주尹永周 집에 와서 있는데, 지금이 또 섣달그믐이라. 같이 가서 회포를 풀어봄이 어떠한가?" 하였다. 감회가 깊은 가운데 친족이 가까이 있음을 들으니 정의情誼가 넘쳐져서 즉시 응하여 따라가서 뵈옵고 인사드리니, 원래 진천의 종파형제이며(호는 학주學輈) 조선에 있을 때에 어릴 때부터 모든 일에 매진하며 서울과 시골에 출몰하여 교육에 종사하고 학교를 널리 설립하니 이름이 널리 알려졌다. 밤이 깊은 뒤에 숙소로 돌아왔다.

임자(1912년)

정월 1일(23세, 맑음)　아침식사 후에 친족인 학주 형을 뵙고 인사 올리고 다과로 고향의 회포를 서로 달래다.

정월 3일　청호에 가서 홍암 선생을 뵙고 여러 형들과 서로 인사를 나누었다.

정월 8일 (맑음)　모아산의 은계 선생 댁으로 돌아왔다.

정월 15일 (맑음)　국자가로 가서 최운암을 방문하고, 김원시와 함께 교외로 달구경을 갔다.

2월 4일　윤우현尹瑀鉉(윤정현의 아우)이 학주(정안립)의 가족이 온다는 소식을 듣고 만나러 가는 길에 들러 함께 유숙하고, 다음날 동반하여 국자가의 학주 댁에 찾아뵈니, 그 가족은 내일 도착한다고 하였다.

2월 5일 (흐림)　학주 선생 가족이 저물녘에 도착하니 그 부인은 도중에서 몸조리를 잘못하여 병세가 위독하고, 그 첩 및 자녀들은 탈이 없었다.

2월 6일　모아산에 돌아왔다.

2월 7일　은계 선생 댁이 농토관계로 10리쯤 되는 지점인 봉림동鳳林洞으로 이사하였다.

2월 10일　달라현의 명동明洞중학교로 가서 박상환朴祥煥을 방문하니, 그는 은계 선생과 동향인으로 그 교무를 전담하고, 교장은 김약연金躍淵이니 그는 함북인이다.

2월 11일　윤정현을 방문하니, 역시 학교를 소규모로 설립하였으며, 그때에 학성學城학교 조병학이 마침 왔다. 주인의 아우 우현과 나 3명이 동반하여 봉림동 은계 댁에 돌아왔다.

2월 14일 (맑음)　윤우현과 동반하여 국자가의 학주 댁에 가니 그 부인 병세가 별 차도가 없었다. 학주 선생이 말하기를 "그대 두 사람이 묘령 청년으로 뜻이 있어서 고향을 떠나 멀리 왔으니, 뜻은 가상하나 하는 일 없이 세월을 보내는 것이 아까우니 가남街南에 모범학당模範學堂이 있는데 중국당국에서 조선인 자제를 위하여 설립한 공립학교라. 소학 정도로 별로 배울 것이 없으나, 우리가 여기 와서 가장 힘써야 할 것은 중국어인데, 그대 두 사람이 내 집에서 숙식하고, 이 학교에 입학하여 중국어에 전력하는 것이 좋을 듯하다."고 하였다. 선생의 사랑이 넘치는 지도에 감격하여 윤 군과 같이 공부하기로 하였다.

2월 15일　윤과 동반하여 봉림동에 돌아와서 모범학당에 입학한 사유를 은계 선생께 고하고, 윤우현은 달라현으로 돌아갔다.

2월 17일 윤우현이 기약한 대로 돌아왔다.

2월 18일 (맑음) 윤과 동반하여 국자가의 학주 댁으로 가니 학주 선생은 그간 그 학당의 학감의 직을 담임하였다.

2월 19일 (맑음) 아침식사 후에 모범학당에서 공부를 시작하니, 학당교수는 중국인이 3명이요, 조선인이 2명이며 교장은 권학소장勸學所長이 겸임하였다.

3월 5일 (비) 학주 선생 부인의 병세가 위독하다.

3월 10일 학주 부인이 별세하고, 학주 선생도 역시 병상에 누운 몸이 되었다.

3월 14일 (부슬비) 원근사우遠近士友 일동이 모여서 학주 부인 장의식을 거행하는데, 가북街北 10리 떨어진 송영자松營子 뒷산에 안장하였다.

3월 15일 중국 병원의사를 청하여 학주 병세를 진찰하니, 다리가 붓는 병[內瘇]으로 판명되었다.

4월 8일 (맑음)　학주 선생 병세가 좋아져서 그 부인 묘소에 비로소 참배하였다.

4월 9일 (맑음)　본 학당 학장이 여름에 우등을 골라서 승급한다고 선언하고 실행은 안 했기 때문에 학생들 모두가 불평을 품었다.

4월 15일　학당 서무교원이 학생을 모이게 하고, 거만하고 모욕적인 태도로 꾸짖으므로 모든 학생이 더욱 불평을 품었다.

4월 21일 (맑음)　아침식사 후 학당으로 나아가 학생 모두를 모이게 하고 교원의 무신용과 학생에 대한 거만하고 모욕적인 행동을 통절히 논하고 동맹퇴학을 일치단결하여 단행하니 70여명의 학생이 한꺼번에 행장을 챙기고 강가 모래밭에 모여서 대책을 상의하였다. 모든 학생을 모래밭에 머물러 있게 하고, 윤우현과 나는 김원식金遠植의 집에 가서 이에 대한 선후방책을 문의하고 석양에 모래밭으로 돌아온 즉, 그간에 학당 교원 여러 명이 와서 모든 학생에게 권유하면서 말하기를, "너희들은 정·윤 두 학생의 궤변을 듣고 이처럼 낭패되었으니 안타까운 일이다. 그 사정을 우리가 다 짐작하는 바이다. 너희들은 다 용서하고 학과도 너희들 요구대로 승진할 터이니, 학교로 가자."며 학생들의 굶주린 기색을 보고 먹을 것을 가지고 와서 나누어 먹이니, 모두 주린 나머지 맛있게 먹고 학생들 가운데에서 2명을 지정하여 윤과 나 두 사람을 기다리게 하고 모두 따라가 버린지라, 윤과 나는 마침내 다시는 학교로 가지 않았다.

4월 26일 봉림동으로 돌아왔다.

4월 28일 청호로 갔다.

6월 2일 (맑음) 봉림동으로 돌아오니 며칠 전에 학주 선생이 서신으로 나를 불렀다.

6월 4일 국자가로 가서 학주 댁에 다다르니, 이미 마을의 완고한 학자들은 연락하여 수백 명을 모이게 하고, 방금 사숙개량회를 조직 중인데 그 취지서를 내보이며 증정證正과 정사正寫를 청하였다. 일찍이 북간도에 북도학자들이 이주하여 다수 청년자제를 교도하며 정주학설程朱學說을 강론하며 스스로 이르기를 남중문화南中文化를 북에 진흥시키려 자신이 충만하더니 요 몇 해 사이에 위국지사들이 건너와서 마을 사이에 순행하며 열변을 토하고 구학문의 낙후를 논박하고, 학교를 건설하며 신학문을 교수하니 나이 어린 총명준수한 이들이 모두 신학문에 추진하고 구학문을 배척하니 마을마다 학교요, 완고한 학자는 모두 문을 닫고 홀로 있게 되어 원망이 그치지 않더니, 명성이 자못 높은 학주 선생이 이 같은 상황을 통찰하고 이러한 사태를 조화시키고자 울울부득鬱鬱不得한 완고한 학자들을 연락하여 다소나마 개량의 의의로 이미 폐쇄된 한학사숙漢學私塾을 다시 일으키고자 하니, 각처의 완고한 학자들이 이 소식을 듣고 궐기하여 서로 연락하고 격려하여 모이기로 약속한 사람이 수백 명이라. 총회기일을 6월 10일로 정하고 각처에 통첩하였다.

6월 10일 (맑음) 학주 선생이 모범학당을 비용備用하여 임시회의 장소로 정하고, 미리 회원을 소집하니, 오전 10시에 모인 인원의 성세가 크게 떨치매 중국관헌은 혹시나 불온한 사태가 발생할까 두려워하여 경찰을 파견하여 강제해산을 실행하였다.

7월 4일 (맑음) 회령으로 떠났는데, 저물녘에 학성학교의 조병학의 집에 유숙하였다.

7월 5일 두만강을 건너 회령에 이르렀다.

7월 7일 돌아와 명동학교 박상환 집에 유숙하였다.

7월 8일 봉림동에 도착하였다.

8월 18일 명동학교에 가서 박상환을 방문하니, 일찍이 박상환은 북간도에 산재한 조선인의 각 학교에 연락, 연합대동회를 준비조직하고, 명동중학교 주최로 장소는 용정 후평後坪으로 정하였다.

8월 25일 (맑음) 이른 아침에 백철 · 최영봉崔英鳳 · 전현택全玄澤 ·

윤영주 등과 동반하여 용정 후평 운동장에 도착하니, 각 학교 교원·학생이 모두 모여 태극기와 학교 깃발을 높이 들고 북·나팔을 연주하니, 펄럭이는 깃발은 하늘을 가리고 고각鼓角 소리가 진동하여 그 기세가 장관이었다. 무릇 18개 학교가 모여 들었으니 학생 총 수가 1만 4천여 명이라. 가까운 동네에서 지사의 축하기부와 학부형의 기부로 황소 수백 마리를 잡아 오찬을 준비하고, 10시에 명동학교 교장 김약연 씨의 개식사가 있은 다음 운동순서에 따라 경기를 진행하니 관람객이 아주 많아 북간도에서 처음 보는 성황을 이루었다. 해질 무렵에 박상환 씨의 폐식사로 식을 마치고 각 학교 교원·학생을 만류하여 각 동네로 나누어 함께 잔치를 하고 저녁 뒤에 일제히 운동장으로 다시 모여 제등행렬을 진행하는데 국가를 크게 부르고 두 무리로 나누어 한 무리는 용정 시내외를 순회하고 다른 무리는 국자가로 향하여 남북영南北營을 순회하며, 닭이 운 뒤에야 각각 흩어져 돌아갔다.

9월 8일 국자가 각 학교 운동회를 구경하였다. 지난번에 중국도윤中國道尹이 조선인 각 학교 연합운동회를 관람하고 부러워하는 마음을 억제치 못하여 중·한학교 연합 대운동회를 발기하여 이제 실행하니 국자가 남영 좌측광장에 포진하고 중·한학교가 모두 12학교로 학생 총 수가 1만여 명이었다. 도윤이 개식사로 경기를 진행하고, 권학소장의 폐식사로 식을 마치니 우승기는 조선인이 차지하였고, 저녁에는 역시 제등행렬을 진행하였다.

10월 2일 (맑음)　청호에 가서 홍암 선생을 뵈었다.

10월 3일 (맑음)　청호에서 개천절 경하식慶賀式을 성대히 거행하였다.

志山外遊日誌

중국유학

1912년 11월 - 1914년 9월

1912년

11월 3일 북경에 유학하기로 마음먹고, 어젯밤 안타까운 마음으로 내 처지를 곰곰이 생각하니, 내가 집을 떠나 북으로 온 지 만 1주년이라. 그간 소득은 하나도 없고, 다만 하는 일 없이 한가로이 시간만 보내는 것은 내 스스로가 애석할 뿐이요 현재 만주 정세를 논하면 광막한 옥토황야에 조선 이주민의 수가 100만이라 하는데 대다수가 농민이요 위국지사들이 뒤를 이어 건너와서, 민족운동이며 문화개발에 적극 노력하나 중국관헌의 치하에 무리한 금지가 자주 있어 발전상 지장이 적지 않으며 조선인으로 중국관변에 관계가 있는 자는 막대한 세력을 조선인에게 행사하는지라. 내 스스로 생각하매 매사는 근원을 탐구하여 흐름을 알아야 하는데, 방금 중국이 신흥 초기로 정무쇄신政務刷新하며, 문화추진에 새 인물을 뽑아 쓸 것이다. 이때를 즈음하여 내가 북경으로 가서 유학하며, 한편으로 신진영재와 교유하면 뒷날 만주의 우리 민족을 위하여 운동할 때에 크고 많은 편의를 쉽게 얻을 것이다. 그리하여 북경에 유학하기로 결심하고 이 사정을 스승과 벗들에게 고하고 바로 출발하고자 하니 선생 및 모든 벗들이 만류하여 말하기를 "뜻은 장하나 일은 좋지 못하다. 여기서 북경이 3천여 리요, 중간에 여기서부터 길림 사이는 도로가 미개하고 논밭도 개간되지 않았으며 수림이 울창하여 해와 달을 보지 못할 정도의 장소가 많으며 맹수와 강도가 수시로 출몰하는 곳이니 이러한 험지에 돈 없이 여행한다는 것은 말도 되지 않으니 아예 생각도 말 일이다." 내 말하기를, "이것 역시 탐험이다. 탐험은 남아의 능사요 범사가 안일에서 성취될 리가 없으니, 이에 결의한 이상이 들뜬 기분에 어찌 경험하지 않고 중지하리오." 은계 선생이 심사숙고한 끝에 나에게 말씀하기를, "옛일을 참고로 한 가닥 길이 있을 것 같으니 그대가 이를 시행해 보라. 10여 년 전에 한 지사가 있었는데, 만주를 순회할 때에 관청증명을 호소해서 얻어 연로沿路에 군경의 보호를 받아서 안전통행한 예가 있다 하니, 군도 한번 시행해 보라. 군이 하고 싶은 소회를 자세히 쓴 청원서 1통을 중국도윤에게 드려서 만일 도윤이 기각치 아니하고 호조護照(여행권) 1통만 발부하여 주면, 도윤의 호조만 휴대하고 여행한즉 가는 곳마다 현지사縣知事와 경관이 극력보호하여 경계를 통과시켜 줄 것이니 무전여행이라도 곤란이 심하지 않을까 하노라." 나는 이 말에 경복하여 실행키로 하였다.

11월 4일 (맑음) 아침식사 후 국자가 남영南營의 도윤아문道尹衙門 앞에 가서 문 옆에 있는 투서함에 청원서를 투입하고 즉시로 우화雨華 이동춘李同春(조선인으로 도윤 녹사직祿事職에 취임)을 방문하고 북경에 유학할 기쁜 마음으로 행로에 편의를 도모코자 도윤아문에 한 통의 청원서를 투입한 사유를 상술하고 호조를 받는 것에 대하여 조력을 간청하니 우화 선생이 말하기를 "도윤이 만일 군의 글을 보면 반드시 나에게 물을 터이니, 내 마땅히 군의 인품과 학문에 뜻을 둔 참되고 정성스러운 뜻을 역설할 것이요. 또 군을 도윤이 만나려고 한다면 내 또한 군을 불러 동반하리라."

11월 8일 아침식사 후 우화 선생을 방문하니 그는 반가이 맞아주면서 말하기를 "군이 마침 잘 왔다. 어제 도윤아문에서 도윤이 군의 글을 접견하고 나에게 보여주며 『이 사람은 귀국貴國 학생인바 공이 반드시 알 것이요.』 하기에 내 힘을 다하여 말로써 보호토록 하였더니 도윤이 말하기를 『내일 공이 데리고 나에게 와 주시오.』 하기에 방금 군에게 통지하려 하는 중, 군이 마침 와서 잘됐다." 하고 마침내 동반하여 도윤아문에 들어갔는데, 우화 선생은 직접 들어가고 나는 대합실에서 기다리고 있었다. 얼마 뒤에 들어오라 하매, 같은 문을 따라 도윤에게 나아가 뵈니 다과를 준비하고 말하는 수작이 친절하였다. 잠깐 있다가 고별하고 물러나오니 도윤이 나에게 말하기를, "군의 장한 뜻은 가상하다. 돌아가 며칠만 기다리면 호조는 우화 선생 편에 붙여 전달하니 안심하고 기다리라." 하였다. 도윤은 강남인江南人으로서 소시에 일본에 유학하였다고 한다.

11월 9일 우화 선생이 호조를 휴대하고 와서 교부하므로 감사히 받았다.

11월 10일 홍암 선생께 고별하러 청호를 향하여 출발하였다.

11월 11일 모두가 만류하므로 하루를 더 묵었다.

11월 12일 고별하고 길을 떠나니, 홍암 선생이 나에게 지산志山이란 호와 호명사구號銘四句를 만들어 주시므로 공경하는 마음으로 받고, 해가 저물어서 봉림동에 돌아오니 이날 밤 은계 선생이 나에게 말씀하시기를, "그저께 내가 용정에 가서 최근 군의 북경 유학 결심의 사정이며 도윤부에서 호조를 얻은 전말을 ○○동지에게 자세히 말하였더니 듣는 자 찬성이 자자하며 여비를 보조할 의사로써 군을 만나고자 하니 군은 내일 나와 동반하여 고별 겸 모처에 다녀오는 것이 좋을 듯하다." 하였다.

11월 13일 은계 선생을 따라 용정시에 가서 연석촌 · 김석강 두 분을 차례로 방문하여 하루 종일 환대를 받고 고별하니 여비를 도와주는 뜻으로 석촌이 30원, 석강이 30원, 석강의 이모께서 10원, 이병진李秉鎭이 14원, 김영학이 30원, 윤영주가 10원이었다. 밤에 돌아오니 러시아 영사관 통역주사 태군일太君一이 만나기를 청하므로 이날 밤에 가서 보니, 환대한 뒤에 역시 여비로 30원을 내주었다. 감사의 뜻을 표하고 숙소로 돌아왔다(여비 합 260원).

11월 17일 중국옷을 바꾸어 입고 길을 떠났는데, 은계 선생과 여러 지기가 권유하기를, "여비가 완전히 준비되었으니 육로로 고행할 필요가 없거니와 유학지점도 북경보다 상해가 더욱 좋고 또 북경은 접촉할 만한 인물이 없고 상해에는 우리 대종교 형제 중 예관睨觀 신규식申圭植 선생이 여러 유학생을 통솔하며 거류하고 계시니 먼 곳에서의 타향살이에 생소하지 아니할 뿐 아니라, 제반편의가 설비되었을 것이요.

또 이곳과 연락이 빈번할 것이니 결심하고 상해로 방향을 바꾸라." 이와 같이 중론이 일치하매 마침내 상해로 결정하고 여행노정은 해삼위海蔘威로 가서 보재溥齋 이상설李相卨 선생을 뵙고 조력을 얻어 러시아나 독일의 배편을 이용하여 항해하기로 결정하고 은계 선생은 보재 선생과 예관 선생에게 소개편지를 쓰고 석강은 도중 훈춘[渾春]에서 러시아와 중국의 경계를 통과하기 위하여 여행증을 얻는 데에 대해서는 훈춘의 유력자인 황병길黃炳吉·오병묵吳秉默 두 명에게 소개서를 써 주었다. 호조와 각지 소개서를 행장에 간직하고 길을 떠나 국자가에 이르러 학주 선생 댁에 뵙고 유숙하였다.

11월 18일 (맑음)　학주 선생께 고별하니 여비로 20원을 주셨다. 상해를 목적지로 정한 사정을 본가에 편지로 알리고 50리를 가서 남일령南日嶺 밑 여관에 투숙하였다.

11월 19일 (흐림)　40리를 가서 〈모도미〉촌에 이르러 앞길을 물으니 촌사람이 말하기를 앞에 높은 고개가 있어서 오늘밤에는 넘어가기가 어렵다 하므로 고개 밑 여관에서 투숙하였다.

11월 20일　고려령高麗嶺을 넘어서 삼한촌三韓村에 다다르니, 중국인의 여관이 매우 불결하고 또 투숙객이 모두 중국인이요, 그 인상이 좋지 않게 보여서 한인촌락으로 찾아가서 투숙하였다.

11월 21일　훈춘에 이르러 지난날 국자가에서 옮겨온 신만장申萬長 상점商店을 방문하고 이야기를 나눈 뒤 김만겸金萬謙 여관에 투숙하니, 이날 밤 같은 투숙한 객중에 이민복李敏馥·정창빈鄭昌斌 두 명이 나에게로 와서 통성명하고 인사를 나누니 이 씨는 서울사람으로 현재 해삼위 보재 선생이 계신 곳에 거주하고, 정 씨는 북도인北道人으로 지난날 북간도에서 면식이 있었다.

11월 22일　식후에 신만장을 방문하고, 황병길·오병묵을 심방하여 석강의 소개서를 전하고 중국·러시아 국경을 통과할 여행증을 의뢰하였다.

11월 23일　황병길을 찾아 여행증명 주선을 재촉하고 저물녘에 이민복과 동반하여 찻집에서 차를 마시고 있는 중에 이 씨가 말하기를 현지에 방금 지방 파쟁派爭이 치열하다 하며 주의를 경고하였다.

11월 24일　또 황병길을 찾아 여행증을 언급하니 황 씨가 말하기를 여행증은 취득이 용이치 못하다 하며 언사가 심히 냉담하므로 내 마음에 의심이 없지 않으나, 그 단서를 알 수 없었다. 저녁식사 후에 신만장 상점을 찾으니 상점 뒷방에 황병길·오병묵이 모여 앉아 나를 부르므로 들어가니, 황병길·오병묵은 윗자리에 앉고 4~5명의 청년이 좌우로 벌려 서서 나에게 위협조로 대하면서 말하기를, "그대의 이번 여행은 남방으로 유학하러 가는 것이 아니라 따로 무슨 이면이 있는 것 같고, 현재 중국과 러시아 국경이 심히 험악하며 여행증은 용이치 못하니 내일 돌아가라."고 하였다. 내가 항변하기를, "지금 이 여행증은 다행히도 소개서가 있어서 오로지 선생의 주선만 믿었는데, 이와 같은 결과이니 크게 실망합니다. 나의 이번 여행은 결코 그대로 돌아갈 수 없으니 여행증을 만일 얻을 수 없으면 나는 속히 잠행할 계획이라도 정해야겠소이다." 하니 황·오 두 명이 돌연 얼굴빛을 변하면서 열립한 소년 한 무리들로 하여금 내 몸을 강제로 수색하여 호조와 보재·예관에게 전할 소개서와 여비를 모두 압수하고 여관으로 내쫓으니, 이곳 정세가 험악함을 가히 알았다.

11월 25일 이민복과 찻집으로 가서 이의 진술을 들으니 내막을 대략 알게 되었는데, 10여일 전에 해삼위에서 서북西北 양당파兩黨派 사이에 투쟁이 야기되어 큰 혼란을 일으켰다가, 북이 강하고 서가 약하게 되므로 서가 남에 개미떼처럼 늘러 붙어 북과 대치상황을 연출하므로 북쪽 정세가 오·황 두 사람에게 보도되는 동시에 긴밀한 촉탁을 받은 터이라, 주목하는 가운데 이민복이 보재 문인으로 훈춘에 와서 볼일도 없이 6~7일을 계속 머무르고 있으니, 오·황 두 명이 겹쳐져 있던 중에 내가 남방인南方人으로 홀연히 와서 이와 자주 상종하니, 이 씨에게 의심하던 것을 비밀단서가 내게 있다고 그릇 인식하고 나에게 의심이 집중되어 이 같은 박해를 당하게 된 것이었다.

11월 27일 이계붕李桂鵬(이동춘의 장남)을 방문하고 사정을 호소해

보았으나 아무 효력이 없었다.

11월 28일 일찍 일어나 수백 번 생각해봐도 별 묘안이 없었다. 부득이하여, 또 황·오 두 사람을 방문하여 어제 압수된 것을 돌려달라고 요청하니 대답이 "서류와 여비는 어제 도성都成 씨 편에 국자가 이동춘 선생 댁으로 보냈으니 노령여행은 단념하고 북간도로 되돌아가라. 이밖에는 다시 다른 도리가 없다."고 하는지라 도 씨가 어제 북간도로 되돌아갔다는 것은 나 역시 듣고 있는 바였다.

11월 29일 일찍 일어나 생각해보고, 사세가 부득이하여 북간도로 돌아오니 이때의 사정은 가히 형언하기 어렵게 되었다.

11월 30일 삼한촌에 돌아와 투숙하였다.

12월 1일 백초구百草溝에 돌아와서 현천묵玄天默(호는 백취白醉이며 대종교인) 씨 집에 유숙하였다.

12월 2일 국자가에 도착하여 최운암 댁에 유숙하였다.

12월 3일 이른 아침에 봉림동 은계 선생 집에 이르러 지난 사정을 진술하고, 오후 용정에 가서 남파南坡와 석강을 방문하니 마침 설암雪岩 심근이 청호로부터 온지라, 이 밤에 설암과 동반하여 봉림동에 도착하였다.

12월 6일　국자가에 가서 이동춘 댁을 방문하여 훈춘에서 경과한 사정을 하소연하고 호조·서신 및 여비의 반환을 요청하니 그대로 주는지라, 휴대하고 운암 댁으로 와서 투숙하였다.

12월 8일　은계 선생이 내방하시어 나에게 말씀하시기를, "일전에 남파의 지도로 김원식·김승호金勝浩·이병진 3명이 상해로 향하고자 하나, 군의 도중 실패를 거울삼아 노정을 변경하여 영고탑寧古塔을 경유하여 동청東淸철도를 타고 해삼위로 가서 선편을 기다린다고 하니, 이는 마침 좋은 기회라 군도 동반하여 출발하라." 하였다.

12월 11일　이날 북간도에 거주하는 한인의 민족운동으로 간민회墾民會가 결성되었다.

12월 12일　김승호·이병진이 먼 여행차 와서 운암 댁에서 같이 유숙하였다.

12월 13일 (맑음)　새벽녘에 김원식·김승호·이병진 및 나 4명이 차잔車棧으로 가서 1양輛을 전용키로 하니, 국자가에서 영고탑까지 노정은 540리요 차삯은 130정吊(당시 만주에서 사용하던 보조화폐)이다. 4명이 마차를 같이 타고 이 얘기 저 얘기 하면서 일남령日南嶺을 넘어가니 날씨가 맑고 심경이 상쾌하였다. 80리를 가서 투숙하였다.

12월 14일 (맑고 차다) 차부車夫의 독촉으로 새벽녘에 길을 떠나 마천령麻天嶺을 걸어서 넘는데, 새벽달이 서쪽으로 잠겨 지고 큰 별이 반짝이는데 4명이 담화로 피로도 잊어버리고 마천령 높은 고개를 넘으니, 해는 이미 동천에 떠오르는지라 다시 차를 타고 100리를 더 가서 저물녘에 태창객잔太槍客棧에 투숙하였다.

12월 15일 새벽녘에 차부가 또 재촉하여 차에 올라 길을 떠나니, 별과 달이 밝으며 얼음과 서리가 사람을 괴롭히는지라. 몇 리를 가니 차부가 고하기를 태평령太平嶺을 넘을 때 매우 험준하니 걸어서 넘어가자고 하므로, 4명이 일제히 차에서 내려서 걸어 넘어가는데 산 아래는 안민대安民臺라. 백취 현천묵 씨가 이주한 곳이다. 4명이 함께 찾아뵙고, 또 30리를 가니, 또 마운령摩雲嶺에 당도하였다. 거듭 하차하여 걸어서 넘어가는데, 좌우에 인가가 전혀 없어서 해가 저물도록 지나가나 불과 수 촌 10여 호이고 한인은 보이지 않았다. 수십 리를 가서 또 노일령露日嶺(노부야령老父耶嶺)에 도달하였다. 다시 걸어서 넘어가는데, 해는 이미 저물고 달이 동녘에 떠오르나 수목이 하늘을 덮어서 빛을 볼 수 없고, 행로는 겨우 통과할 만한데 흰 눈이 길에 깔리고 달빛이 숲 사이로 스며들어 사람의 마음을 청취케 하는지라. 4명이 서로 붙들고 걸어가니 사방이 적막하고 만뢰구적萬籟俱寂이라. 심리가 묘연하여 인생이란 과연 무엇인가 하는 의혹까지 생각났다. 고개 위에 겨우 오르니 한 사찰이 있었다. 차부와 함께 일동이 투숙하였다.

12월 16일 (맑음) 새벽에 일어나 길을 떠나니 달빛과 나무 그림자가 어울렸다. 40리를 가서 팔양하八陽河에 도달하니 해가 뜰 무렵이다. 탄 마차의 붉은 말에 새벽 서리가 얼어붙어서 흰 말로 변하였으며, 차부의 털모자와 털옷에도 서리가 얼어붙어서 흰 털보로 변하였다. 수십 리를 진행하니 점점 산천이 명려하고 목단강牧丹江이 동서로 관통하여 흘러내리며, 큰 길이 평탄하여 남북으로 연장하였는데, 상인의 내왕이 빈번하며 평야가 광막하고 자연의 상서로운 기운이 서리는 듯한데, 한 주민이 멀리 서대西臺를 가리키며 말하기를 동경성東京城이라 하니, 생각건대 이것이 발해의 옛 도읍이라. 옛 자취의 볼 만한 것이 풍부하게 있으련마는 길이 바빠서 가서 볼 수 없는 것이 한스러웠다. 저물녘에 우창牛倉의 객잔에 투숙하니 오늘 100여 리를 온 것이다.

12월 17일 (맑음) 일찍 일어나 길을 떠나 10여 리를 가서 작은 고개를 넘어 목단강 기슭을 좇아가니, 좌우 석벽이 기이하고 가파르니 가관이며 또 수십 리를 가서 달성문達城門 밖에 다다르니 즉 영고탑(영안부寧安府)이다. 입성하니 물품과 재화가 번창하며 인물이 빼어났다. 태안객잔泰安客棧에 머무르고 차부는 돌려보냈다.

12월 18일 (맑음) 아침식사 후 마차를 잡아타고 동청철도 해림역海林驛으로 향해 출발하는데, 노정이 40리(사실은 60리)였다. 저물녘에 도착하여 여관에 투숙하였다.

12월 19일 (흐림)　이른 아침에 출발하여 기차를 타려다가 시각에 미치지 못하므로 놓쳐 버리고 여관에 돌아와 있으니, 저녁밥을 먹고 나서 여관주인(중국인)이 우리 일행에 대하여 기념한다 하며 율시律詩 각한 수씩을 청하는지라 4명이 각기 한 수 씩 지어주었다.

12월 20일　오전 1시에 차를 타는데, 여관 주인이 사환을 시켜서 차표를 사오게 하며 4명의 행장을 열차에 운반하고 숙박비를 한사코 받지 않으며 열차 안까지 전송하여 석별을 이기지 못하니, 어제 저녁 시를 지어준 까닭인 듯하다. 열차가 진행하는데 새벽에 이르러 차에 도적이 있어서 중국인 2명이 5천원을 빼앗기고 우리 일행 중에도 다소 빼앗긴 사람이 있었으나 큰 손해는 없었다. 11시에 「별루아」 역에 다다르니 이곳은 즉 중국과 러시아의 국경이다. 여행증이 없으면 통과하지 못하므로 부득이 차에서 내려서 탐문하니, 러시아인이 특히 조선인 여행의 편의를 위하여 조선인 중에 다년 거주한 황 씨 노인에게 신분보증을 얻으면 러시아 헌병소에서 여행증을 교부하여 국경을 통과시키는지라, 황옹을 찾아뵙고 사정을 호소하였다.

12월 21일 (흐림)　황옹을 찾아 신원보증을 청하니, 그는 즉시 부하 3~4명의 젊은이를 불러 앉혀놓고 말하기를, "공 등이 소개서가 없으니 신분여하를 모르는지라 보증하기 어려우며, 러시아령으로 가면 누구를 의지하려는가?" 내가 말하기를, "보재 선생을 방문코자 하며 보재 선생에게 전할 소개서가 있었는데 도중에서 불편이 있을까 하여 우편으로 부쳐 보냈다." 하니 좌중에서 한 씨라는 소년이 큰 소리로 말하기를, "소개서가 있으면 왜 우편으로 보냈겠는가? 그대의 말이 의심스러우며 의심되는 자는 여기서 용서 없이 처리하는 것이니 생각해보면 그대도 반드시 들어 알 것이다." 하며 기색이 수상하더니 당장 주먹다짐을 하므로 낙담하고 실망하였다. 우리 일행 4명 중 김원식이 말하기를, "나는 과거에 보재 선생의 총애를 많이 입은 자인데, 나 한사람만 먼저 보내주면 보재 선생의 신임장을 얻어 보낼 것이니 그 뒤에 동반 3명을 호송하여 주면 확실히 의심이 없고, 서로 탈이 없을 것이니, 본인 한 사람만 먼저 떠나게 하시오." 하고 요청하니 황옹이 한 씨에게 말하기를, "난처한 일을 당하면 해결책이 귀한 것이니 한 분만 주선해서 먼저 보내라." 하였다.

12월 22일　황옹의 지령으로 한 씨가 여행증 1장을 얻어오니 김원식 홀로 해삼위로 먼저 출발하다. 저녁 늦게 보재 선생이 전보를 쳐 부지런히 보내니 황옹 및 모두가 사과하고 의심을 풀었다.

12월 24일 (맑음)　황옹이 한 씨를 불러 여행증을 주선하여 우리 3명을 승차케 했는데 차에까지 전송하면서 나에게 말하기를, "해삼위항은 이곳에 비해 무리한 위험사가 종종 연출되고 있으니 극히 주의를 하라. 지금 공 등이 탄 열차가 반드시 밤에 해삼위에 도착될 것이며, 또 해삼위에는 동서로 두 정거장이 있으니 오늘밤에 서역에 도착하거든 도착 즉시로 차안에서 그저께 먼저 간 김원식을 큰 소리로 불러서 응하거든 차에서 내리고 없으면 동역에까지 가서 역시 소리를 높여 김 씨를 불러서 응하면 다행이요, 없어도 종점이니 차에서 내릴 수밖에 없으며 위험한 까닭으로 반드시 영접을 보내리라." 하였다. 과연 이날 밤 9시에 차가 서역에 도착한지라 황노인이 일러주던 말대로 차안에서 소리를 높여 부르려 할 무렵 급히 역 앞에서 내 이름을 큰 목소리로 부르는 이가 있는지라, 응답하고 차에서 내리니 김원식·장발張勃 두 명이 마차를 타고 와서 기다렸다. 모두 5명이 같이 타고 돌아와서 보재 선생을 뵈었다.

12월 26일 (흐리고 차다) 일행 4명이 여관을 정하고 장발 형과 동반하여 안기선安基璇을 찾으니, 안은 서울로부터 온 지 수개월이라 러시아어를 학습하고 있었다.

12월 28일 (맑음) 4명이 장발 형과 동반하여 시가 구경을 하니 큰길이 포장되어 전차가 왕래하고 좌우에 벽돌을 깔았으며, 건축의 장대하고 화려함과 물품과 재화의 번창이 처음 접하는 바였다. 부두에 나가서 바다를 바라보니 바닷물이 얼어서 육지와 같으며 군함과 상선이 아주 단단히 달라붙어 움직이지 않고, 부두 남측에는 공원이 있는데 정교하고 치밀하며 광활하다. 공원 전면에는 러시아 황태자 환영문歡迎門이 우뚝 솟아 있어 그 권위를 떨쳐 보이려는 듯하였다. 저물녘에 돌아왔다.

12월 29일 이민복이 훈춘에서 돌아와, 북간도 소식을 듣게 되었다.

12월 30일 (흐리고 바람) 이날 밤은 즉 섣달그믐밤이었다. 먼 외지에서 명절을 당하니, 여행 중에 우연히 벗을 만났는데 모두 감회가 같더라. 다수 청년 형제가 보재 선생 댁에 모여 술잔을 나누면서 회포를 풀어보는데, 혹 춤도 추고 혹 노래도 하며 슬픔과 환희를 털어놓고 서로 달래며 밤이 깊어 각각 흩어졌다.

계축(1913년)

정월 1일(24세, 날씨가 혹독하고 바람이 매섭다) 이날은 설날 아침이라 먼 해외에서 거주하는 동포들이 고국의 오랜 풍속을 준수하며 곱게 단장하고 울긋불긋 거리를 누볐다. 보재 선생 댁에 이르니 청년형제들이 다수 모여 신년명절을 축하하며 윷놀이를 하며 즐겼다. 여관에 돌아와서 종일 낮잠을 자고 깨어보니 해는 해수면에 기울어졌다.

정월 2일 김원시와 종일 수호지를 보고 오후 윷놀이에 참가했다.

정월 5일 (바람이 부는 날씨에 몹시 추웠다) 청년형제와 어울려서 윷놀이도 하고 술도 마시며 즐기다가 오후에 선창에 가서 배편을 알아보고 보재 선생께 길 떠날 편의를 상의하였다.

정월 6일 (바람이 심하고 날씨가 혹독하다) 상해로 출발코자 독일 우편선 3등표를 매수하니 해삼위로부터 청도까지 한 사람에 30원인데, 노정은 조선반도를 안고 돌아서 대련에서 정박하고 재차 항해하여 청도에 도착하는 것이다. 일행 4명 중 김원식 · 김승호 2명은 보재 선생의 만류로 해삼위에 남고, 나와 이병진은 상해로 출발하니 보재 선생 이하 김승호 · 김원식 · 김명호 · 안기선 등이 선창까지 전송해주어 해외에서의 외로운 발걸음이었지만 적막감은 없었다. 오후 2시에 출항하는데 바닷물이 얼어붙어서 증기소선이 기계의 힘으로 좌우로 종횡하여 얼음 깨기를 밭갈 듯이 한 뒤에 큰 배가 항구를 출발하여 수 시간 항해하니 푸른 물결이 하늘에 잇닿았고, 먼 산이 그림과 같은데 다만 백조가 짝을 지어 날아다닐 뿐이었다. 어느덧 날이 저물어 선침船寢에 들어가 누우니 배 안의 전등이 반짝거리고 창밖의 성난 파도가 하늘에 진동할 뿐이었다.

정월 7일 (맑음) 해가 뜨는 시각에 밖으로 나가 사방을 돌아보니 푸른 파도가 하늘에 접하여 티끌하나 없고 구름과 안개가 아득히 넓은 중에 서쪽 일대로 은은히 청산이 해면에 그림과 같이 떠 나타나니 지도로 비교해서 생각한 즉 길주吉州 등지처럼 짐작이 간다. 해가 저물어서는 한 점의 도서도 없으니 이는 즉 원산元山 앞바다인가 하였다.

정월 8일 아침식사 후 갑판 위에 나가서니 얼마 뒤에 홀연 일대장산이 해면에 떠있어서 점점 아름다운 모습을 드러내었으니 통천通川 정도에 온 듯하다. 오후에 이르러 서편으로 산봉우리가 우뚝 겹겹이 둘러싸여 보이고, 혹은 모래사장이며 혹은 험상스런 바윗돌이 해면에 어지럽게 떠있어 한 폭의 그림병풍처럼 드러나니, 생각건대 고성高城의 해금강의 일면인가 하노라. 저물녘에 서쪽으로 작은 산이 연접하여 고깃배 수십 척이 해상에 모여서 뱃사공이 노래와 피리로 서로 어울리니, 내가 조국을 떠난 지 만 1년 만에 고국강산과 고국인민을 서로 바라보면서도 접촉을 못하니 애환의 감상을 억제키 어려웠다. 해는 이미 서쪽으로 기울어지고 초승달이 선창에 비치니, 이 형과 각각 시 한 구절을 읊었다.

푸른 바다가 하늘에 닿아 한 빛으로 흐르고
청구강상은 어이하여 동방에 빼어났네
때로 몽상하는 남북의 섬을 들날려 보았으면 하나
세상 소리는 적막하고 뭇 배만이 오락가락
창망한 대양은 끝없이 광활한데
좀처럼 보이지 않는 부평초 같은 세상 나라의 모습
어대와 고래잡이 길 삼천리
기적 소리 한 번에 온갖 근심이 씻겨지네

정월 9일 (엷은 구름 솔솔 부는 바람) 해삼위로부터 이미 3일이요, 노정은 3천여 리라. 남북 기후의 격차가 너무도 커서 해삼위항에서 두려워하던 모진 추위는 자취를 감추고, 날씨는 따뜻하여 봄과도 같은지라. 갑판에 나가서 멀리 바라보매 서쪽으로 여러 섬들이 보이니, 생각건대 이는 부산과 마산 사이라. 섬 가운데 인가 5~6호와 황폐해진 논밭 수 이랑이 있고 혹 몇 층 양옥에 사람이 없는 듯 고요하며 수렴이 바람에 나부끼어 말렸다 폈다 하는 장면도 보이더라. 이 군도 가운데로 바람을 가르며 항해하던 중에, 홀연히 수 척 목선이 서쪽으로부터 접근하거늘 자세히 보니 배 안의 몇 명이 흰 옷을 입고 맨발인데다 삿갓을 쓰고 둘러앉아 고기잡이 도구를 정리하면서 손을 들어 무슨 말인지 전했으나 알아들을 수가 없었다. 번개같이 달려가는 항행에 접응할 도리가 없으니 퍽 섭섭하였다.

해는 서쪽으로 기울고 섬들은 점점 드물게 보이니, 전남 쪽으로 항행하는 듯하였다. 고국산천을 바다로 3일간 두루 보고, 또 멀리 이별하니 그 감회 또한 억누를 수 없었다. 시 한 구절을 읊어보니,

바닷물 푸르러 멀리 하늘에 닿은 듯
해질녘 멀리 날아가는 기러기 한 떼
산천의 남은 기백 뭇 섬으로 떠올랐고
지세는 너그럽게 모든 강을 받아들여
원로는 향수를 품고 복잡한 꿈에 취했는데
건아는 조국을 떠나 홀로 잠을 깨었네
머리를 돌리면 동국의 땅 3천리
그대 나를 보내 이에 이르기 몇 성상인고

정월 10일 (맑음) 일찍 일어나 사방을 바라보니 하나의 섬도 없어서 앞길의 멀고 가까운 추측이 안 되므로 같은 선객인 중국인에게 물은즉 내일 대련에 선착하여 3일간 정박하고 다시 항행하여 청도에 도착한다고 하였다. 저물녘에 이르러 바닷물이 묽고 누르니 생각건대 황해라.

정월 11일 (맑음) 아침식사 후 중국인이 서로 말하기를 곧 대련이라 하거늘, 갑판에 나가 멀리 바라보니 산봉우리가 거듭 둘러싸인지라. 오전 11시에 대련에 도착하니 좌우 부두에 구미선박이 운집하고 기슭에

고층집이 숭고하며 바다 가운데로 10여 리의 바다를 막아서 길을 축성하여 기차윤선汽車輪船이 해면에서 서로 접하며 영접객의 마차가 길을 메웠더라.

이 항구는 일본인이 조차하여 점거하였으므로, 내려서 관광할 수 없어서 다만 배 안에 앉아 떠날 시간을 기다리고 있었다.

정월 12일 두 사람이 다만 배안에서 시일을 보내니 일각이 삼추와 같더라. 함께 선객이 된 중국인에게 물으니 내일 10시에 출항한다 하였다.

정월 13일 (맑음) 아침식사 후 항해가 시작되어 출항하니 상쾌한 심경 비할 데 없었다. 저물녘에 이르니 바람은 고요하고 파도가 잔잔하여 해수는 황적색이라 곧 황해에 항행인 것을 깨닫게 되었다.

정월 14일 (맑음) 일찍 일어나 사방을 바라보니 아직도 황해에서 항행하는지라. 날씨가 따뜻하고 바람이 온화하며 갈매기가 해면에 떼지어 날거늘 이 형과 갈매기 노래를 한 수 읊었다.

흰 날개 훨훨 봄 바다에서 날고
즐겁도다 천화에 응함은 사람의 일이 아니거든
어리를 얻으려는 세상 인정은 모두 멀어지고
저녁연기와 놀 맑은 흥이 새로워지네

푸른 이끼 고운 모래는 부질없는 꿈이요
잔잔한 파도 고요한 바람은 티가 없네
무심히 해가 지도록 푸른 바다 위에서
애오라지 어옹과도 접촉할 수 없는 나그네

시를 써서 마친 뒤에 밖으로 나가 관망하니 홀연히 일장산一壯山이 서쪽으로 나타난지라. 중국인에게 물으니 산동노산山東盧山이라 하며 산 아래 앞쪽으로 백사가 널리 깔려 있고, 남쪽으로는 작은 섬과 산이 연속하여 다가오고 있더라. 오후 4시에 청도항에 도착하여 정박하니 해항海港으로부터 출발한 지 9일 만에 도착이라. 이 항구는 산동에서 제일 중요한 항구로 현재 독일에 조차된 지역이다. 역시 바다 가운데에 돌로써 축조하여 길을 만들어 해운에 편리케 하였다. 이때에 자동차가 독일에서 최초로 도착하여 관람객이 둘러섰다. 중국인 왕모某의 지도로 윤선에서 내려 작은 목선을 타고 동쪽 기슭에 도착하여 역시 그의 소개로 풍창객잔豊昌客棧에 입주하니 2층 누상옥樓上屋이라. 난간에 의지하여 사방을 바라보니 누각이 즐비하게 서서 높이 솟아 있고, 유리창에 주렴을 달았는데 햇볕이 반사하여 휘황하여 가관이다. 중국인 석금산石金山이 우리가 조선인인 것을 알고 특히 상루上樓에서 통성하며 환대하여 주었다. 석 씨가 저녁식사 후에 다시 와서 거리구경을 권하거늘 이날 저녁은 곧 정월 14일 밤이라. 달빛이 환히 비치고 거리에서는 폭죽과 각 상점에서는 북을 치고 징을 울려서 요란한 소리 우레와 같고 군중의 잡답한 소리가 성난 파도 속에 있는 듯하였다. 갖가지 놀이가 백출하여 형언할 수 없거늘 석 군과 같이 구경하고 돌아와서 잠깐 환담한 뒤에 석 군은 돌아가니 이 형과 시 한 구절을 읊었다.

망망한 나그네 여기까지 왔는데
감히 먼저 한 토 동쪽 길을 밟게 되네
빛나는 문명의 교류 눈부신 백일하에
휘황한 보배가 온 거리에 가득하네
예로부터 제멋대로 놀러오는 많은 사녀들
지금 낙락 부르짖는 건아들
떠드는 소리 우레와 같고 사람 바다 이루어
백일은 정정하여 태악에 걸쳐졌네

정월 15일 (맑음)　아침식사 후 거리로 나가니 의연히 떠드는 소리라. 이 형과 같이 바닷가로 산책하니 백사장이 선명해 보이는데, 사이사이에 반석이 놓였고 또 날씨가 따뜻하고 바람이 부드러워 바닷물은 남색처럼 푸르더라. 옷을 벗어 돌 위에 던져 놓고, 돌에 걸터앉아 발 씻으며 회포를 풀며 시간을 보내다가 길을 돌려 청제青濟(청도青島 · 제남濟南) 기차 동단역東端驛으로 가서 두루 구경하고, 또 걸어서 고등학교와 박물관을 구경한 뒤, 윤선공사輪船公司를 방문하고 상해가는 배편을 물으니, 점주店主가 손님을 공경하는 손님 접대 예절이 추노(鄒魯, 공자 · 맹자의 출신지)의 풍습이라 칭할 만큼 점잖더라. 여관에 돌아와서 저녁을 먹은 뒤에, 또 거리로 나가니 이날 저녁은 바로 정월 대보름날 밤이라. 산동의 풍속은 귀천이 없고 모두 재물신을 공경히 받들어 집집마다 촛불을 밝혀 놓고 분향하며, 사람마다 폭죽을 터뜨리고 북을 치며, 밤이 되니 폭죽과 종과 북 소리 일제히 요란해져서 전 시가가 공중에 떠있는 듯하며 사이사이 폭죽 불덩어리가 공중에서 폭발되면 불빛이 흩어져 용과 뱀의 모양으로 되어 동서로 날아가는 모양이 마치 유성이 떨어지는 것 같아서 일시장관이며 또 종이와 대나무로 용 모양을 만들어 채색화로 비늘을 가공하여 흡사 살아있는 것처럼 된 것을 7~8명의 장정이 어깨에 메고 활보하며, 집집마다 들러서 재앙을 쫓는다고 하며 삯전을 염출시키는 등 이와 같이 여러 종류의 환희적 행사는 일일이 열거하기 어렵더라. 밤에 여관으로 돌아오니 주인이 술과 과실을 내놓으면서 말을 시작하니, 우리 묻는 대답에 여기서 태산泰山이 400리요, 곡부曲阜가 500리라 하더라.

정월 16일 (아침 흐리고 밤은 맑음) 같은 배를 타고 온 왕 씨가 찾아와서 환담하고 갔다.

정월 17일 (맑음) 중국인 왕 씨가 또 찾아온지라, 동반하여 선창에 가서 윤선 덕생호德生號에 탈 표를 사고 자리를 잡으니 여기서 상해까지 뱃삯이 일인당 6원이었다. 왕 씨를 작별하고 6시에 배가 떠났다.

정월 18일 (흐림) 거센 파도가 높이 오르니 선체가 몹시도 흔들려서 뱃멀미로 밖에 나갈 수 없었다.

정월 19일 (맑음) 오전 7시에 상해에 도착하여 정박하니 상해는 동양의 제1위를 점하는 대도회지라. 건축의 장려와 물화의 번창이 모두 처음 보는 바라. 이 형과 내려서 민권보사民權報社를 방문하니 마침 동지 서호徐浩가 와 있었다. 민권보사 사원의 소개로 인사하고 예관 선생께 소개서를 전하매 서호가 반가이 악수하며 그와 동반하여 민권보사를 나오니 도중에 동지 김열金烈 · 최훈崔勳 · 김세무金世武 · 조동진趙東珍 · 조동현趙東玹 등을 만나 서호의 소개로 반가이 손을 잡고 인사를 나눈 뒤 여관으로 같이 와서 이야기를 하고 있는 중에 예관 선생이 오거늘 서신을 진정하고 저녁을 먹은 뒤에 집안의 여러 형과 동반하여 거리로 나가니 가로등이 낮과 같고 대마로(큰길)는 화사한 버드나무로 재단하여 깔았더라.

정월 20일 오전 6시에 예관 선생이 일이 있어서 남경으로 가게 되므로 나는 선생을 따라 남경으로 출발하고 이병진은 상해에 머물게 되니 이 형과 헤어지게 되었다. 기차의 속력이 너무도 빨라서 연로의 고적을 살펴보지도 못하고 10시에 소주蘇州를 통과하고 오후에 진강鎭江에 다다르니 선생이 이곳에서 마침 볼일이 있어 차에서 내리므로 역에서 휴식하였다. 진강은 옛적 삼국시대에 오나라 왕인 손권孫權이 도읍하던 곳이라. 오나라 태부인太夫人이 건축한 오층고탑이 의연히 홀로 보존되어 있어 행객의 발걸음을 멈추게 하며 장강長江 연안에 널려 있는 배들은 중국인의 상업 부흥을 자랑하는 듯하다. 선생이 돌아오시매 다시 차를 타고 해질 무렵에 남경南京에 이르니 해는 이미 저물었고 남경에 머무는 동지는 일이 있어서 제각기 흩어져서 그 주소를 알 수 없는지라. 선생이 한참 생각다가 남양南洋 제1여관으로 들어가니, 마침 동지 신상무申相武 · 신성모申性模 · 이찬영李瓚榮 등 몇 사람이 여기에 내주來住한지라. 예관 선생의 소개로 반가이 악수, 인사하고 피차의 생각한 경론經論을 진술하였다.

정월 21일　한 달 동안이나 여행한 뒤라 너무도 시달려 온종일 푹 휴식하였다.

정월 22일 (맑음)　오후에 연병장에 가서 병사훈련을 관광하였다. 좌우에 난총亂塚이 있는데 이는 지난 가을 화명군華命軍 입성 시 전몰한 열사의 무덤이라 하더라.

정월 23일 (맑음)　자유당 본부 내에 도착하여 겸곡謙谷 박은식 선생을 뵈오니 동지 김삼金三 · 계선桂宣이 같이 있는지라 서로 인사를 나누고 회포를 이야기하였다.

정월 26일　여러 형제와 같이 자유당 본부 내의 빈집으로 옮기니, 2층 합솜 10칸 되는 방에 월세 20원이더라.

정월 28일　오전 이병진 · 김열이 상해로부터 왔으므로 신성모와 동반하여 역으로 마중 나갔다.

정월 29일 자유당 본부 안에 강습소를 설치하고, 본당총무 유정劉靖 선생을 중국어 강사로 초청하였다.

2월 2일 (맑음) 오전에 일반 형제가 중당中堂에 모여서 대종교 경배식敬拜式을 거행하였다. 오후에 문일평文一平 · 김열과 동반하여 진준수秦准水로 놀러 갔다. 이곳은 남경에서 제일가는 번화지라, 예로부터 지금까지 문인달사文人達士와 호객가기豪客佳妓가 구름처럼 모여 흥을 돋우면서 놀던 곳이다. 2층으로 된 누선樓船과 그림과 같은 홍교虹橋에 사죽絲竹(관현管絃)이 질탕秩蕩하며 화려하게 성장한 사녀士女가 구름같이 모여들어 강남의 풍류를 자랑하며 인간사회의 흥망을 모른 체하는 듯, 진陳나라 후주後主의 사치스런 생활 모습의 여운이 아직 가시지 않은 듯하더라. 이 준수准水는 운하로, 성으로 흘러들어 동남으로 가로지르니 넓이 40~50장이요, 길이 수십 리더라在城內計.

2월 9일 (일요일) 오전에 경배식을 거행하였다. 북간도의 정안립 · 박찬익朴贊翊 · 태군일 세 명에게 서신을 부송하고 오후에 남문으로 나가니, 일대에 장강이 성을 둘러 안고 흘러서 양자강에 합류하고, 강기슭 양화대雨花臺에 작은 산이 있으며 산 뒤에는 사관학교 광장이 있는데 매화와 버들이 한창 곱게 피어 춘흥春興이 가득하더라. 이날 정오에 예관 선생과 문일평이 상해로 출발하였다.

2월 12일 (맑음) 오후 3시에 북극각北極閣에 오르니 삼층고각이 구름 위로 높이 솟았는데, 문 위에는 '고용천궁高聳天宮'이란 현판이 붙어 있고 이 산이 비록 높지는 않으나 남경성내 북측 모퉁이에 있어서 뒤로는 성북문이니, 즉 현무문이요 문 밖에는 현무호(湖)가 있으니 호수의 주위가 3~4리요 호수 가운데 세 개의 작은 섬이 솔밭과 같이 자리 잡고 있으며 섬 가운데에는 대나무 숲이 울창한데, 그 안에는 다방과 술집이 은은히 보이니 청한가애清閑可愛요, 서쪽으로 바라보니 장강이 동서로 뻗어있어 왕래하는 선박이 끊임없이 연기를 토하니 금릉제도金陵帝都의 명성이 실로 헛되게 알려진 것이 아님이 새삼스럽게 느껴졌다.

2월 15일 (흐림)　축구장으로 가서 공을 찼다. 이곳은 지난날 청나라 집정 시에 팔기병(청나라 국군의 명칭)이 주둔하던 곳이라. 당시에는 극히 번화장려繁華壯麗하더니 불과 몇 해 동안에 이처럼 황폐하고 말았으니, 실로 부귀여몽富貴如夢이라.

2월 20일 (흐리고 비)　북간도의 김석강 · 홍암 · 은계 세 선생에게 서신을 부치다.

2월 22일 (흐리고 비)　예관 선생이 상해로부터 오고 김덕진金德鎭 · 김필한金弼漢 · 김정기金正琪 · 신건식申建植 등 4명이 본국으로부터 와서 국내의 현황을 대략 들었다.

2월 28일 (맑음)　오후에 큰 지진이 있었다.

2월 29일 (맑음)　이 날은 청명절清明節이라 문일평 · 김덕진 · 김진金震 · 왕세진王世珍 · 이찬영 및 나 6명이 남문을 나와 양화대로 오르니 이 산에 모래와 돌이 많아서 비가 온 뒤에는 모래와 돌이 붉은 빛을 띠고 멀리서 바라본 즉 꽃이 피는 것 같은 빛을 보이므로 이름을 양화대雨花臺라고 붙였다는 것이다. 남경풍속이 매년 청명가절淸明佳節을 당하면 사람들이 이 산에 운집하여 각종 연으로 연날리기 경기를 하며, 하루 종일 흥을 취하다가 해가 질 녘에야 돌아간다.

2월 30일 (맑음)　함께 지내던 형제일동이 현무호玄武湖에 나갔는데, 중로中路 종고루鐘鼓樓에 올라가 쉬었다. 이 누각은 명태조가 건축하였다고 전해 오는데 축대가 여러 길이나 되고 대 위에 3층 고각을 세웠으며 누 위에는 100명이 앉을 수 있고, 누대는 높이 솟아서 올라가 본즉 남경의 전경이 눈 아래에 펼쳐졌더라. 누에서 내려와 마차를 타고 현무호에 이르러 작은 배의 표를 사서 호수 가운데 제일 큰 섬에 도착하니 대나무 숲이 울창한 가운데 소각小閣이 나타나니 문 위에 '수국화향水國花鄕'이란 제목이 달려 있더라. 일동이 앉아서 다과를 하고 휴게 후에 옷과 모자를 벗고 각기 작은 배를 빌려 자기가 노질도 하고 헤엄도 쳐서 경주도 하니 쾌활하기 짝이 없더라. 해질녘에야 돌아왔다.

3월 5일 (아침은 맑고 저녁은 비)　형제 일동이 3대의 마차를 빌려 타고 명효릉明孝陵(명태조릉) 구경을 가는데 조양문朝陽門(동문) 밖에서 약 10리 되는 지점이니 능 뒤에는 천보산天寶山이 높이 솟고 능 앞에는 넓고 넓은 평야가 전개되는지라. 돌다리를 건너 차에서 내려 보행하니 좌우에 돌로 만든 사람과 돌로 만든 말이 멀리까지 열립하여 있고 능 앞에 점점 가까워지니 집퇴삽홀執堆揷笏한 문관, 무사의 석상과 낙타석상[石駝]이 장엄하게 열립하고 능 앞에 이르니 정문이 숭고하고 문 안에는 동서로 제궁齋宮이 있고 정면은 정전正殿이요, 능 앞에 세 길이 있어서 모두 돌로 포장하고 용과 봉황을 새겼으며 능묘에 이르니 웅장하고 높이가 작은 산과 같아서 주위가 수 리(里)나 되고 높이는 4~50보步라, 능 위에는 느릅나무와 벚나무 수십 그루가 서 있으니 모두 한아름씩은 될 만하였다. 서쪽을 바라보니 장강이 가로 질러 흐르고 바른편을 돌아보면 종산鍾山이 높이 솟아 있으며 아래로 성이 둘려 있으니, 참으로 창업주의 능침이라 할 만하나 세월이 흐르고 시대가 변함에, 명궁의 옛 터에 보리가 자라 무성하게 우거지니 저녁 해가 떨어질 때 부질없이 회고의 감정을 야기하더라. 저물녘에 돌아오니 이날 저녁에 남집南楫 씨 환영회를 개최하였다.

3월 14일 (비) 박남파의 서신을 받으니 길림에서 보낸 것이었다.

3월 15일 (온종일 큰 비) 오늘은 어천절御天節이라. 오전 10시에 경하식을 거행하였는데, 여러분의 강연이 있었고, 중국인 유정 선생의 송하사頌賀辭가 있었다.

3월 20일 (맑음) 같이 머무르는 형들과 일동이 또 현무호로 가서

간단한 술과 안주로 하루를 즐기니, 때는 봄비가 처음 개고 물결이 맑고 잔잔하더라.

3월 21일　이해붕李海鵬·윤영한尹英漢이 상해로 출발하였다.

3월 28일 (비)　오후에 삼패루三牌樓 무대舞臺로 가서 민국대학 학생들의 송교인宋敎仁 선생 추도회 개최에 참석했다. 수십일 전에 중국 혁명위인 송교인 선생이 북경정부의 농림총장으로 선임되어 취임코자 출발 도중 상해역에서 흉악범에게 피살되므로 서울 각계인사와 각 학교 남녀학생 및 수만 군중이 회집하여 분한 적개심을 터뜨려 그 분위기가 심히 위험하더라.

4월 21일　동제사 신입사원 6명에게 환영회를 개최하다.

4월 27일　예관 선생이 상해를 출발하다.

4월 29일　벽초碧初·위당爲堂·천봉天峯 세 분께서 남통주南通州에 우거寓居하는 김택영金澤榮(호는 창강滄江) 씨를 방문코자 상해로 출발하였다.

5월 6일　겸곡謙谷 박은식朴殷植 선생이 상해를 향해 떠났다.

5월 15일　예관 선생이 상해로 왔다.

5월 18일　만호晩湖 · 벽초碧初 · 위당 · 문일평 · 김정기 등이 상해에서 왔다.

5월 19일　같이 있는 형제일동이 호가화원胡家花園으로 가서 관상하는데, 이 호가원胡家園은 남경 서남모퉁이에 있는 저명한 별장이다. 주위가 3~4리에 한 부분은 주택이요 한 부분은 화원이니 동서 양단에 소나무와 수양버들이 늘어서 있고 중앙에 연못을 설치하고 못 기슭에는 돌로 쌓아서 산을 만들고 산 위에 행각行閣과 복도가 층층이 굴회屈廻하고 못 가운데의 돌로 만든 산과 산 사이에는 무지개다리를 설치하여 통행케 하고, 그림으로 그린 난간과 석탑에 새와 대나무, 푸른 소나무가 어우러져 있으며 특이한 꽃과 풀, 난들이 향기를 품어 사람의 넋을 빼앗고 한 모퉁이에는 철망을 가설하고 원앙새며 원숭이를 사육하고 있으니 이 별장 주인의 풍부한 구상을 짐작하겠더라.

5월 20일　동제사 창립 1주년 기념식을 거행하였다. 이날 밤에 이명숙李明淑 · 오진홍吳鎭洪이 북경으로부터 왔다.

5월 22일　예관 선생이 상해로 출발하였다.

5월 23일　김만호金晩湖 · 남집이 상해로 출발하였다.

5월 25일 신건식 · 김정기 · 김덕진 · 김필한 · 이찬영과 동반하여 야외소풍을 갔는데 촌가에 가서 한바탕 보리타작을 해주고, 돌아오는 길에 천보산에 오르는데, 산봉우리 아래에 있는 보타암普它菴으로 들어가 다과를 사서 먹고, 제1봉에 오르니 돌봉우리가 부용(연꽃)과 같이 멋있게 솟아 있고, 눈 아래로 금릉金陵(남경) 전경이 바둑판처럼 깔려 있고, 서북으로 장강 일대와 소주태호蘇州太湖의 광활함이 한 폭의 그림처럼 펼쳐져 있으니, 남아의 심금이 쾌활해져서 날아갈 것만 같았다. 일행 6명이 각자 명함 1장씩을 봉우리 바윗돌 틈 사이에 놓고 상제에게 묵도하고 주위를 방황하다가 저물녘에 숙소로 돌아왔다.

6월 5일 문일평 · 임성일林成一이 상해로 떠나고 최훈 · 오진홍이 귀국하니 이편에 고향 본집으로 제3차의 서신을 보냈다.

6월 7일 예관 선생이 상해로부터 오니, 강서江西에 전란이 일어난 소식을 들었다. 4월부터 지금까지 형혹熒惑(화성)이 남두성좌南斗星座 바로 옆에 있다.

6월 15일 벽초 · 위당 · 이찬영 · 김덕진 · 김필한 · 김덕준金德俊 · 김진이 상해로 떠났다.

6월 16일 예관 선생이 상해로 출발하였다. 이날 황흥이 남경에 잠입하여 군관을 불러 회유하고 독립을 선포하니 도독都督 정덕전程德全

이 도망한지라, 황홍이 인민에게 방을 붙여 효시하였다.

6월 17일 신상무 · 신성모 · 왕세진 · 윤필건尹必健이 상해로 출발하였다.

6월 21일 만호(김규식) 선생이 중국인 모대위毛大衛 의사와 적십자대를 조직하여 임회관臨淮關에 출동하니 김정기 · 계선이 수행하였다.

6월 25일 만호 선생 및 김정기가 돌아왔다.

6월 26일 신가항申家港(지명)의 이홍장 구택舊宅을 빌려서 이주하니 총 50여 칸이었다. 정문으로부터 내문에 이르기까지 4중문이요, 정침正寢은 5칸이 2층이니 정침이 상하 10칸이요, 행랑방[廂房]이 동서로 상하 합하여 12방이요. 내정문 밖에 좌우로 합 4칸 방이 있고 동서 행랑방이 합 4칸이요 중당은 접객실이라. 한 양식으로 외정문에 이르러 또 문방 2칸 합 50칸 방이 있고 좌우에 작은 문이 다섯 곳이나 있어서 모두 복도로 통하고 최후문으로 좇아 들어가면 화원이 있으니 원내에는 연못이 있고 못 기슭에 대사행각臺榭行閣이 설치되었으나 모두 대나무로 가설한 것이다. 해가 오래 지나서 썩어 무너졌고 화분(모두 비어 있다) 수백 개가 담 밑에 쌓여 있었다. 외문으로부터 정침에 이르기까지 정원 및 행로를 벽돌로 포장하고 그림 난간과 층계의 사치가 극치에 달하였던 것을 추상할 수 있으며 담 높이가 몇 길이나 그리고 이 집은

본 주택이 아니고 일시 가다가 들려 사는 집이라 하니 당시 이홍장의 권위와 생활을 추상追想할 수 있었다. 집세는 매달 50원이었다.

6월 28일 시내에 계엄령을 내리고 진준수秦准水변에서 병사검열을 행하니 거리의 분위기가 삼엄하였다.

7월 3일 만호 선생이 상해로 출발하였다.

7월 5일 이찬영이 상해로부터 오니 북간도에 계신 은계 선생과 박승익의 서신을 접견하였다.

7월 6일 겸곡과 신건식 · 이찬영 · 김용호金容浩 · 우상순禹相淳이 상해로 출발하였다.

7월 7일 하해명何海鳴이 남경에 돌입하여 재차 장쑤[江蘇]의 독립을 선포하였다.

7월 9일 남경에 잔류한 동지 중에 민국대학 재학 중인 이광李光 · 김덕金德 2명만 남아있고 나와 김갑金甲 · 이초李超 · 최익준崔益俊 · 이명숙 · 박세호朴世豪 · 김정기 씨 등은 상해로 출발했는데, 기차는 임시군용이므로 하관下關 강 입구에 나가서 영국 상선을 타니 이때는 남경 피난민이 몰려들어 배 안이 극도로 복잡하였다. 석양에 진강鎭江에 도착하여 정박하였다가 깊은 밤에 소주에 도착하니 건너편에 있는 중국 군함에서 우리가 탄 배에 탐조등을 비추매, 이 무렵에 배에 있던 많은 중국인 아이들이 놀라 겁을 먹고 부르짖으니 일시 혼란 상태를 연출하였다.

7월 10일　오전 10시에 황포탄黃浦灘에 도착하여 정박했다가 내려 즉시 프랑스 조계 보창로寶昌路에 있는 만호 김규식 씨 숙소를 찾으니 한흥韓興 · 조소앙趙素昂 · 송전도宋全道 · 홍성희洪性喜 등과 상봉하여 환담하고 상해에 체류하는 이들과 차례로 인사를 나누다가 서간도에 있는 성인호의 서신(제1차)을 접견하였다.

7월 11일　황운학黃雲鶴 · 정재홍鄭在洪이 본국으로 출발하고, 집의 서신(제4차)을 접수하였다. 이날 저녁에 황포강으로 나가 4~5명 동지와 뱃놀이를 하였다.

7월 14일　신건식 · 김정기와 백이부로白爾部路에 있는 집의 2층樓上 1칸을 빌려 동거하기로 하였다.

7월 16일　길원吉元 · 이일李一이 방문하여 처음 인사를 나누었다.

7월 18일　단재 신채호 선생과 김용준金容俊이 청도靑島에서 왔다.

7월 19일　홍성희 · 김진이 귀국하고, 윤세용尹世茸 · 이극로李克魯가

서간도에서 왔다.

7월 21일　계선 · 김삼이 진강鎭江으로부터 오고, 김갑이 와서 함께 유숙하였다.

7월 25일　김용준 · 이일李逸 · 안징安澄 · 곽임대郭林大 · 길원 · 임초林超 · 신단재 · 윤세용 등을 여태루旅泰樓로 초청, 환영회를 개최하였다.

7월 26일　임성일 · 왕세진 · 곽임대 · 윤필건 · 길원 등 5명이 미국으로 출발하였다.

7월 28일　국치 3주라. 동제사 총회를 개최하고 오후에 선열 홍범식洪範植 씨 추도회를 개최하였다.

7월 29일　계선 · 최익준 · 이명숙 · 김석관金錫觀 · 김덕준 등 5명이 북경으로 출발하였다. 이날 밤에 집의 서신(제5차)을 접수하였다.

8월 4일　이극로 · 김삼 · 윤영한 3명이 북경으로 출발하였다.

8월 6일　동제사 총회를 계속 개최하였다.

8월 7일　이진택李鎭澤 및 여자 2명이 본국으로부터 왔다.

8월 8일　변영태卞榮泰가 남경으로부터 왔다.

8월 10일　김세무金世武 · 김용호 2명이 복단공학復旦工學에 입학하였다.

8월 11일　신건식 · 김용준 2명이 오송로광학교吳淞路鑛學校에 입학하였다.

8월 13일　동제사 총회를 또 계속 개최하였다. 이날 밤에 월식이 있었다.

8월 15일　오늘은 즉 중추절이다. 옛 풍속을 준수하여 월병을 보내는 예며, 문 앞에서 폭죽을 터뜨리는 것이며 시가의 놀러 나온 인파가 종전처럼 성황은 없으나 자못 볼 만하더라.

8월 16일　김덕진이 귀국하니 전송하고 제4차의 서신을 보냈다.

8월 20일　신영우申寧雨 · 하림일河林一이 본국으로부터 건너와서 여태旅泰에 주거하매 가서 방문하였다.

8월 22일　김정기는 무상중학務商中學에 입학하였다.

8월 23일 보창로 숙소에 일본정탐이 염탐한 기미가 있어 각처로 흩어져 유숙하였다.

8월 24일 이일 형제와 여사女史 2명이 미국으로 떠났다.

8월 26일 내가 입학코자 무상중학교에 이르러 학비 20원을 교부하고, 중국인 의사 모대위를 만나 잠시 이야기하고 숙소로 돌아왔다.

8월 27일 행장을 규합하여 무상중학 숙사로 들어가 김정기와 한 방에서 머물렀다.

8월 29일 입당하고 청강하였다.

9월 2일 밤 10시에 만호(김규식)·이태준李泰俊 두 분이 내일 아침 청도로 출발코자 작별인사로 일부러 학교로 찾아와서 잠시 이야기하고 돌아갔다.

9월 6일 (일요일) 북간도 세 곳으로 서신을 부치고 김필한을 길에서 만나 같이 돌아왔다.

9월 8일 오전에 김필한이 본교에 입학코자 찾아오고, 오후에는 이

영李英이 귀국 고별차 찾아오니, 이날 저녁에 김정기 · 김필한 및 3명이 거리로 나가 귀국동지 이영 · 주종호朱鍾浩 · 정진택鄭震澤 3명을 일부러 방문하여 찻집에서 이야기를 나누고, 박은식 선생과 홍건洪健이 내일 아침 홍콩으로 출발한다 하나 밤이 깊어 고별인사를 못 드리고 학교로 돌아왔다.

9월 9일 이날은 중양절이라. 교장이 일반 학생에게 휴가 1일을 허가하니 외출하여 사천로四川路를 따라 환구環球 중국학생회관에 이르니 신성모 · 최훈이 본국으로부터 온 지라 서로 인사하였다. 예관 선생은 청도로 출발하고 겸곡 박 선생과 홍건은 홍콩으로 출발하는지라 전별하고 다음 세 동지가 대관원大觀園에 가서 구경하니, 모든 설비며 진기한 새와 짐승의 기기묘묘한 것이 여러 종류 있었다.

9월 10일 김필한이 본교에 입학하여 청강하였다.

9월 11일 (양력 10월 10일) 이 날은 중국혁명기념 쌍십절이다. 즉 민국 광복 2주년 경절이므로 각 학교에서는 2일간 휴가를 주어 외출하여 모든 동지를 방문하고 저녁밥을 먹은 뒤 교우 중국인 이우동易友棟과 동반하여 거리로 나가 구경하니, 국기를 높이 들고 전등이 낮과 같으며 축하식이 성대하였다. 공화무대共和舞臺에 올라서 말의 유희를 관람하고 늦게 돌아왔다.

9월 13일 (일요일) 신건식이 찾아오매 오후에 동반외출하여 파자로把子路 운동회를 관광하고 저녁식사 후에 중국인 의사 모대위를 방문하니, 모毛 씨 남매가 거문고를 타면서 노래를 하는데 그 솜씨가 가히 들을 만하였다.

9월 19일 (토요일) 오후에 외출하여 환구環球 중국학생회관에 도착하니 예관 선생은 청도에서 돌아오시고 단재 선생은 항주에서 돌아오셨다. 한홍은 열하에 체류하며 회관 내에 영어강습소를 설치하고 일반 동지가 배우고 있었다. 밤에 돌아왔다.

9월 20일 (일요일) 노광학교路廣學校로 가서 신건식을 찾고 동반하여 호령滬寧 차잔車棧을 경유하여 전홍원展弘園에 도착하니 원내에 있는 대나무숲·돌다리·연못·대사臺榭가 극히 사치스럽고 화려하며 3층 누각이 있는데, 안으로 들어가니 먼 곳의 진기한 물건을 진열하여 볼 만하고 밑층에는 기화혜란奇花蕙蘭을 재배하여 향기가 사람을 매혹하였다. 역력히 관람하고 학생회관에 돌아오니, 한 여학생이 서간도로부터 와서 미술학원에 입학하였다.

9월 21일 김정기는 학비 후원이 없으므로 등교를 할 수 없었다.

9월 23일 예관 선생이 채형묵蔡亨默을 동반하고 찾아오셨다.

9월 24일 예관 선생이 나의 학비관계로 학교로 오셨다가 늦게 돌아가셨다.

9월 26일 채형묵이 본교에 입학하였다.

10월 1일 김정기·정인보鄭寅普의 귀국출발을 들었으나 학교규칙 때문에 전송하지 못하였다.

10월 3일 이날은 개천절이라 휴가를 얻어 채형묵과 동반하여 여태채관旅泰菜館에 가서 경하식에 참가하고 돌아가는 중에 이광·이송붕李松鵬·김정金鼎·박영朴泳 등이 민국대학에 입학하므로 방문하였다.

10월 5일 상해에 머무르는 일반 동지가 보창로에 합숙하고 있으므로 찾아보았다.

10월 7일 김덕진·우상순이 내방하니, 김덕진은 어제 본국으로부터 왔다.

10월 11일 예관 선생이 명덕리明德里로 이주하고, 김천희金天熙는 천진天津으로 출발하였다.

11월 2일 한 분의 여사가 해삼위에서 오고 이광수李光洙는 서간도로부터 왔다.

11월 3일　일요일 신건식을 찾고 동반하여 김용준의 여관에 도착하니 민제호閔濟鎬·민필호閔弼鎬 형제가 본국으로부터 와서 인사하고 박남파의 서신을 받았다.

11월 9일 (토요일)　오후에 신건식을 찾아보고 보창로에 다다르니 김규식·변영태 두 분이 북경으로 출발하였다.

11월 24일 (일요일)　명덕(明德)으로 가서 강연을 듣고 늦게 학교로 돌아왔다.

11월 27일　홍건이 홍콩에서 왔다.

11월 28일 (양력 12월 25일)　오늘 크리스마스이므로 각 학교가 하루를 휴교하였다.

12월 1일　겨울방학이라 본교에서 개회하고 교장의 훈사가 있었다.

12월 2일　명덕리로 가서 벽초의 강연을 들었다. 겸곡 선생이 편저한 향항잡지香港雜誌가 왔다.

12월 4일　민국대학에 간 이들을 찾아보고 늦게 돌아오니 본교에서 망년회를 열고 일반학생들에게 술과 안주를 베풀어 주었다.

12월 5일(양력 12월 31일)　명덕리로 가서 망년회에 참석하고 밤늦게 학교로 돌아왔다.

12월 16일　본가에 서신(제5차)을 부쳤다. 북경정부에서 민국대학에 해산을 명하였다.

12월 17일　명덕리로 가서 박달학원博達學院 개원식에 참가하였다. 이 학원은 상해에 있는 동지 수십 명이 중국 및 구미 유학의 입학예비로 특설하여 1년 반의 졸업제인바, 교과는 영어 · 중국어 · 지리 · 역사 · 수학이더라.

12월 20일　이광 · 김덕 · 김정 · 김창만金昌滿 · 이송봉 씨 등과 동반하여 오송吳淞에 보행했는데, 강변에 이르니 좌우의 죽림 사이사이에 촌락이 은은하고, 온초역蘊草驛에 이르러 오찬을 하고 황포강 기슭을 따라 장강 입구에 이르니 각국 군함이 정박하며, 숭명도崇明島 강 입구를 가로막아 떠 있는데 해안에 오송공학로광학교吳淞公學路鑛學校 · 상선학교商船學校며 그밖에 큰 공장이 우뚝 공중에 높이 솟아 있어, 해상에 떠 있는 군함과 대치하여 해질 무렵 저녁놀에 그 장엄함을 서로 견주는 듯하였다.

12월 22일 (아침 비 저녁은 맑음) 신문에 실리기를 12월 17일 밤에 호북지방 등지에 뇌우雷雨가 퍼붓듯이 크게 내려 하늘의 빛이 비로소 그치는 듯 하고[天明始止] 선통宣統 3년 섣달그믐날 밤에 변이 일어난다 하며 겨울철에 좀처럼 없는 일이라 하고, 또 말하기를 양자강이 구강九江 위쪽으로 홀연히 얕게 말라붙게 되어 물 깊이 4~5척에 불과할 것이며, 배가 항행할 수 없게 되기를 약 24시간이나 되겠다고 하였다.

12월 23일 명덕리로 가서 북간도에서 부쳐온 윤정현·윤우현 형제의 서신을 접견하니, 임천林川에 계셨던 강호석 선생이 청호에 건너오시고 청호에 중학교를 설립하였다고 한다.

12월 25일 신문에 실리기를 북간도의 우리 교포가 폭행을 야기했다고 하였다. 오후 명덕으로 가서 7세 된 이李 소년과 12세 된 정환범鄭桓範 소년이 본국 충북에서 출발하여 적평도보赤平徒步로 수천 리 되는 안동현까지 전전걸식轉轉乞食하며 도착하고, 신태성愼台晟 여관에 체류하다가 이 소년은 북향하는 인사에 의해서 북경으로 따라가고 정 소년은 다시 상해로 향하는 인사를 따라서 상해에 왔다가 현재 박달학원에 도착하였다고 한다. 김필한이 상을 당하고 귀국하매, 전송하고 늦게 돌아왔다.

12월 30일 저녁식사 후 김용준에게 가니 이날 저녁은 즉 음력으로 섣달그믐 밤이라. 옛 풍속이 아직도 남아 있어서 사방에서 폭죽소리가

전쟁에서 일어남과 같았다. 시 한 구절을 읊으니,

해외에서 또 한 해가 저물었으니
마음 무거워 주저하며 서성거리네
고향은 이 저녁 취흥에 건들거리겠지
변방의 나그네 마음 옛날이 그립도다
풍운으로 보낸 지난날이 어젯밤 꿈과 같고
구태여 술과 시로 새해를 하례하세
술잔 서로 들어 해를 보내고 맞을 무렵
참고 웃으면서 세상일을 잊으려 하네

갑인(1914년)

정월 1일(25세, 흐리고 비) 명덕리로 가서 설날 아침을 축하하고 시 한 구절을 읊으니,

세상 길 여러 갈래 모두 돌고 싶으나
어느 곳이 참된 길인지 나 모르겠네
인간사회의 복잡한 일 모두 귀찮은 꿈
부질없는 움직임이 모두 일신을 망치네
우주의 섭리로 뇌우는 세상을 재촉질하여
창생에 쌓인 티끌을 쾌히 씻을 것이요
예로부터 우주를 무대로 한 영웅의 기백
지금까지 과연 몇 사람이나 되었던고

정월 2일 상해현으로 가서 관광하고 작은 산에 올라가 상해의 전경을 두루 보았다.

정월 3일 동양공원으로 가서 관광하고, 오후에는 황포강을 따라 현성縣成 내의 곡교曲橋에 이르니 사람들이 운집해있으며, 찻집과 술집에는 꽃과 난초로 꾸며 놓고 거문고와 노래로 춤추고 뛰며 그칠 줄 모르니, 설날 아침의 아름다운 정황이 모두 여기 모인 듯하다고 하였다.

정월 4일 민생사民生舍를 찾아보고 명덕리에 이르니, 상해에 체류하는 동지가 모두 여기 옮겨와서 집단적으로 주거하였다.

정월 7일 (맑고 차다) 서간도 성인호에게 서신(제3차)을 부쳤다. 해삼위의 김원식의 서신을 받고 북간도의 소식을 들었다.

정월 11일 집의 서신(제6차)을 접견하다.

정월 16일 본교에서 개교식을 행하니 교장의 훈사가 있고, 북간도의 여러 곳에 다 서신을 보냈다.

정월 17일 경제적 후원이 없으므로 퇴학하여 애다로愛多路에 누상樓上 1칸을 빌려 옮기니 밤에 모든 형제들이 찾아왔다.

정월 25일 고창묘高昌廟로 가서 호항滬杭의 차잔車棧을 두루 보고, 황포강 기슭을 따라 지나가는 길에 김정을 방문하고 북간도의 기쁜 소식을 들었다.

2월 19일 (맑음) 수십 명의 동지와 동반하여 용화사龍華寺로 가는데 길거리 좌우에 복숭아와 오얏꽃이 만발하였다. 호항차선滬杭車線을 따라 용화사에 도착하니 7층 고탑이 구름 사이에 높이 솟아 있고 전각殿閣이 웅장하니 지극히 조용하였다. 저물녘에 돌아오는데 사람마다 각기 복숭아꽃 한 떨기씩을 가지고 향기로운 분위기에서 숙소로 돌아왔다.

2월 27일 (맑음) 이태준이 북경으로 출발하였다가 서간도로 방향을 바꾸었다.

2월 28일 박달학원에서 공부를 시작하였다.

2월 29일 안중근 의사의 추도회를 개최하고, 저녁녘에 각자 시 한 구절을 읊으니,

하얼빈 역두 소소히 부는 새풍
눈 부릅뜨고 현장에 이르니 더 늦는구나
번개불 세 번 번득여 적을 거꾸러뜨려
이때가 바로 장부의 떨칠 때로다

3월 3일 권탁權鐸·이초가 서간도로 출발하므로 전별회를 열었다.

3월 11일 집의 서신(제7차)을 접하고 또 성인호의 서신(제3차)을 받았다.

3월 14일 여사女士 최형록崔亨祿이 북경으로 갔다.

3월 15일　오늘은 어천절(단군어천檀君御天)이므로 경하식을 거행하였다.

3월 17일　최형록 여사가 다과회를 특설하고 함께 체류하는 여러분에게 와신상담의 뜻으로 강연하여 충고하였다.

3월 18일　남파 박찬익의 서신(제3차)을 받고 또 김필한의 서신을 접하였다.

3월 21일　신상무가 본국으로부터 왔다. 이날 저녁에 조소앙과 프랑스공원에 같이 가서 심정을 털어놓고 거취를 토의하였다.

3월 28일　김충일金忠一이 봉천으로부터 왔다.

3월 29일 (늦게 비)　태학문泰學文이 러시아로 출발하였다.

4월 1일　변광호邊光鎬가 강연하였다.

4월 30일　오후에 김덕진·김용호·김갑과 동반하여 약한約翰(요한) 대학을 견학하고, 강가 나루로 나가 작은 배를 타고 황포강에 거슬러 올라가면서 유람하고 저물게 돌아왔다.

5월 2일 윤영선尹永善이 본국으로부터 오니, 윤영선은 윤치호의 아들이요 중국부인의 소생이다. 미국에 유학 가는 길에 상해로 왔다고 하였다.

5월 5일 단오절이다. 중국 풍속이 설과 같은 중절重節이라. 공사公私가 모두 휴업하였다.

5월 9일 김갑이 안동현安東縣으로 출발하였다. 북간도의 나홍암(나철)·강호석 두 선생의 서신을 접수하고, 집으로도 서신을 부쳤다.

5월 20일 동제사 2주 기념과 박달학원 수업식을 병행하였다.

윤5월 18일 겸곡 박은식 선생이 홍콩에서 돌아왔다.

윤5월 23일 이찬영이 귀국하므로 집으로 서신(제8차)을 부쳤다.

6월 12일 《신보新報》에 게재하되 구주歐洲에 대전란이 태동하였다고 전하였다.

6월 14일 뇌우가 크게 왔다.

6월 15일 이날 밤에 바람은 청신하고 달은 밝은지라 홍벽초와 난

간에 의지하여 시 한 구절 읊으니,

서쪽 뫼엔 해가 기울어가고 저녁연기 자욱한데
강가의 숲과 저물녘 구름 모두 꿈결 같네
반렴호월에 고향생각 간절하고
정탑소종은 나그네의 꿈도 가벼워라
거센 파도 같은 배를 부리기 겁나고
자욱한 기상 순탄한 행로를 기할 수 없어도
바다를 초월하고 구름을 탈 듯한 영웅의 심정은
고금을 통해서 대장부가 품은 기개일세

6월 16일 이날 밤에 두서너 동지와 동반하여 황포탄 영국공원으로 가니 영·미의 사람들이 구름 모이듯 하여 중앙 무대에서 악대가 음악을 연주하고, 춤을 추며 환락하고, 동쪽 강 위에는 3개의 작은 배에 악기와 술과 안주를 실었는데 물결이 넘실거리었다.

6월 17일 강연을 들으니 유럽에 전란이 크게 일어났다고 한다.

7월 1일 집에서 온 서신(제8차)을 받았다.

7월 2일 학원에 구락부를 조직하고 규칙을 제정하였다.

7월 3일　북경에 거류하는 박정래朴鼎來의 서신을 접수하였다.

7월 6일　오전 8시에 항주 체육관에서 시험을 보기 위해 김정과 동반하여 항주로 출발하는데 호항차역滬杭車驛에 도착하여 표를 사고 승차하여(차비 1원 50전) 용화사를 지나 송강역松江驛에 도착하니, 이는 즉 상해와 항주 사이에서 중요한 도시인데 큰 들이 펼쳐져 남으로는 몇 개의 봉우리가 그림과 같이 솟아 있고 가흥역嘉興驛에 이르니 시가는 화려하며 근처의 고적명소가 어디에 있는지를 안내하는 게시판이 있었다. 항주에 도착하니 항주는 즉 남송의 옛 도읍이다. 송이 금에 몰려서 여기에 도읍을 정하고 항거하다가 성공치 못하였다. 성지누대城池樓臺에 고적이 아직도 남아 있으며 화려하고 웅장함은 상해에 미치지 못하나 인정풍속人情風俗과 천연 경치는 보다 우수하며, 예로부터 아직까지도 사치스러워 유람객들의 호화스러운 모습은 비할 데 없었다. 차에서 내려 경춘문慶春門 내 화봉학사華封學舍에 있는 동지 임찬林璨을 방문하고 투숙하였다.

7월 7일　오전에 체육학교를 방문하니 소개서를 권하고 교원과 인사한 뒤에 역 앞 사진관에 도착하여 소형 사진을 촬영하고 학교에 돌아와서 시험신청서를 교부받고 서호西湖 언저리에 이르러 서호 전경을 관망하고 숙소로 돌아왔다.

7월 8일　학교에 가서 시험에 응하고 오후에 서점으로 가서 서호의 안내서 한 권을 사가지고 용금문湧金門 밖으로 나와 서호 호반에 도착하니 대로가 펼쳐져 호수 기슭을 둘러싸고 유랑하는 누선樓船이 호숫가에 개미떼처럼 모여 있으며 사람들이 운집하였다. 큰 길을 따라 항주 서남 모퉁이에 있는 청태문淸泰門을 지나 큰 길을 비켜서 호숫가의 돌이 많은 좁은 길을 따라 걸어가니 원나라 시절에 승상 탈탈脫脫의 무덤이 있으며, 남송의 절개를 지켜 죽은 신하의 분묘에 잡초와 비석이 낙조를 띠어 천고의 유한遺恨을 후세 사람들에게 호소하는 듯, 관람자로 하여금 발걸음을 멈추게 하였다. 산기슭 돌길을 따라 금병산장錦屛山莊을 구경하고 뇌봉탑雷峰塔 밑에 도착하니 탑 높이 수십 장丈인데, 서호 남안에 우뚝 솟아 있고 탑 뒤에는 남병산南屛山이 둘러있고 산 밑 호숫가에는 기다란 제방을 쌓아서 서호를 중심으로 남북으로 관통 연장하고 중간 두 곳에는 홍교虹橋를 가설하여 호수 가운데에서 유람선을 통행케 하였다. 기다란 제방 중심에서 호수의 남측 탑 밑에 이르기까지를 소제蘇堤라 칭하니, 소동파가 벼슬아치로 있을 때에 공무의 겨를을 타서 축조한데 기인하여 명칭을 붙인 것이요, 제방 중심에서 북쪽 둑에 이르기까지를 백제白堤라 칭하니, 백낙천이 역시 여가를 타서 쌓은 데 기인한 명칭이다. 탑 좌우에 석조사石照寺와 봉래천蓬萊泉·백운주白運洲 등의 허다한 명승고적이 있다 하나 날이 저물어 돌아오는데, 오산吳山에 이르니 이미 황혼이라 바쁜 걸음으로 돌아왔다. 이 오산은 즉 옛적 시문에 입마오산立馬吳山에 몽각황량미숙자야夢覺黃粱未熟者也이다.

7월 9일 오전에 학교에 가서 시험에 응하고 오후에는 임찬·김정

두 형과 동반하여 봉산문鳳山門으로 좇아나가 수 리里를 걸어가니 전당강錢塘江가에 도착하였다. 강물은 쪽빛 같이 푸르고 하얀 모래는 씻은 듯이 깨끗하였다. 세 사람이 강가 모래밭에서 옷을 벗고 몸을 씻은 뒤에 강 어구를 멀리서 바라보니, 평평한 물결이 한없이 아득한 저쪽에는 산봉우리가 그림같이 둘러서고 강 위에 득실거리는 배와 배는 바람을 타서 떼를 짓고 있으니 한때 보기에 장관이나, 만일 만조滿潮가 뛰고 용솟음칠 때에는 천병만마가 쇄도하는 기염을 연출하여 누구나 송연悚然한 심경을 갖지 않을 수 없게 한다고 한다. 걸음을 옮겨 오산에 오르니, 이 산이 청태清泰와 청파清波 두 문 사이에 단단히 서려있어 성 남쪽의 모든 산과 서로 연속되어 오산에서 그쳤으니, 혹은 일컫기를 서산胥山이라 하는데, 이는 오자서伍子胥의 묘廟가 있다고 하여 일컬어진 것이다. 산에 옛적 묘가 많으니, 갈선묘葛仙廟 · 문창묘文昌廟 · 동악묘東嶽廟 · 화덕묘火德廟 · 창힐묘蒼頡廟가 있어서 숭고하며, 높은 바위 12개가 깎아지른 봉우리처럼 열을 지어 있었는데, 속칭 '좌산십이봉嵯山十二峰'이라 한다. 때마침 석양이었으므로 동으로 끝없이 펼쳐진 전당강에 배를 타고 낚시질하는 모습이며, 흰 모래, 푸른 물이 가득하고, 서쪽에는 10리 호수에 소제 · 백제가 한 줄기 기다란 무지개를 이루고, 고탑과 층암層岩이 겹겹으로 둘러싸여져서 호수면 강물에 그림자를 드리워 빛을 발하니, 삼라만상이 낙조에 비친 붉은 티끌 가운데에 취해 잠들어 잠긴 듯, 관람자로 하여금 소연히 격세지감을 금치 못하게 하였다. 말없이 잠시 섰다가 저물녘에 3명이 집으로 돌아왔는데 각각 시 한 구절을 지으니,

하늘과 땅은 텅 비고 해와 달은 유구한데
예로부터 공을 완전히 세운 자 그 뉘뇨
삼산의 나무는 구름 밖에 의희한데
실심한 이 인간의 만리 밖 가을일세
남쪽나라 문장이 누각에 아로새겨 있으나
송나라 충혼을 거칠은 이 언덕에서 우러러 조문하네
해지도록 강둑에서 시름없이 보느라니
무심한 갈매기는 물결을 차면서 노는구나

7월 10일 (맑음) 아침식사 후 법정학교로 가서 임찬을 잠시 방문하고, 김정과 동반하여 전당문으로 나와 서호에 이르니 유람선의 선원 한 사람이 와서 먼저 배에 오르기를 청하므로 배에 올라 수작하여 물으니 하루에 뱃삯이 80전이라 한다. 배 위에 흰 베에 꽃무늬를 넣은 장막을 설치하여 햇볕을 가리게 하고 짧은 의자 4개를 두었으며 중앙에는 바둑판을 설치하여 유람객의 흥미를 제공케 하였다. 뱃사공은 부부가 함께 노질을 하며 능히 표준 중국어를 대략 알아들었다. 항행하여 한 작은 섬에 이르니 배나무 숲속에 술집과 그림 난간이 은은히 나타나 보이는데, 뱃사공이 말하기를 저 술집에 항주의 명산품인 태자주太子酒가 있으니, 옛적 고려 성덕태자가 출가하여 항주에 있을 때에 태자가 빚은 술인데, 그 술 빚는 법을 지금까지 전하여 그 이름을 따라 태자주라 하며, 그 맛이 가장 맑고 깨끗하여 항주에서 저명한 미주美酒라 한다. 뱃사람으로 하여금 술 한 병을 사다가 각각 한 잔씩을 마시니, 맛이 심히 감향甘香이니 가히 진품이라, 또 항행하여 외따로 있는 산에 이르니 사공이 고산공원孤山公園의 빼어난 아름다움을 찬양하며 놀기를 권하므로 마침내 배에서 내려 언덕에 오르니, 이 고산은 서호 중심에 돌출한 큰 섬인데 주위가 3~4리요, 그 안에 공원이 설비된지라, 배에서 내리자 곧 주루酒樓가 있으니, 그 이름이 '평호추월平湖秋月'이라 하였다. 다리를 쉬고 차를 마신 다음 공원 앞문에 다다르니 길가에 혁명 시에 군대를 축하하던 개선비凱旋卑가 높이 솟아 있고, 육선공묘陸宣公廟와 조담대照膽臺를 두루 보고 문난각文瀾閣을 거쳐 공원 안으로 들어가니 서쪽에는 기이한 꽃과 괴상한 돌이 있고, 점점 들어가면 층루대사層樓臺榭가 겹겹이 있는데 복도의 그림 난간이 지극히 사치스럽고 중간에는 종종 탁자와 의자가 간단하게 설치되어 있어 유람객의 행동을 편하게 하였고, 심부름하는 아동 몇 명이 차 쟁반과 과일들을 들고 유람객의 뒤를 따라다니며 다리를 쉬고 차 마시기를 권하며 돈 주기를 기다리더라. 고산마루에 다다르니 산 위에 또 작은 늪을 설치하여 연꽃이 만발하니, 이는 즉 호수 가운데 산이요 산 위에 호수라. 늪가에 참대나무로 만든 정자각 몇 곳이 있어서 지극히 간편하고 정미로워 볼 만하였다. 정자각에 올라 사방을 돌아보니 서호 전경이 눈 아래에 보였다. 해가 저물어 감을 아쉬워하며 배가 매어 있는 곳까지 돌아오니 선주부부가 원앙새처럼 의좋게 잠들어 손님이 오는 줄도 모르매 배를 두드리고 배 떠나기를 재촉하였다. 호춘루壺春樓·육일춘六一春에 성박하여 사공을 시켜 술 한 병을 사다가 사공 부부와 네 사람이 각각 몇 잔씩을 마시고, 또 배를 타고 유루兪樓와 서랭교西冷橋·송풍정松風亭을 둘러보고 양강楊江에 도착하여 배에서 내려 휴식하여 차를 마시고 또 배를 타고 풍우정風雨亭과 감호鑑湖에 도착하여 여자 협객 추근秋瑾의 무덤을 조문하고 악왕묘岳王廟에서 배가 도착하매 배를 버리고 언덕에 올라 악왕묘 앞에 도착하니 제목에 '벽혈단심碧血丹心이요, 진충보국盡忠報國' 여덟 글자로 된 현판이 달려있으며 문으로 들어가니 대하臺下에 석상으로 된 진회秦檜를 조각하여 꿇어앉혀 놓았으며 당상에는 황금으로 된 악왕의 신상을 주조하여 엄연한 기상으로 앉게 하고 좌우에는 무사가 장검시립仗劒侍立하여 대의 아래에 꿇어앉힌 진회의 죄목을 여러 개 들어 꾸짖는 듯하며, 오고가는 유람객이 모두 악왕의 신상에게 몸을 굽혀 경배하고 돌아서서는 진회의 석상에 침 뱉지 않는 사람이 없으니, 천고의 충신과 역적에 대한 비판이 소연하다. 그 뒷면에는 악왕의 공덕비가 있고, 또 그 뒤에는 악왕의 무덤이 있으니, 무덤에 선 나무가 모두 남쪽을 향하고 한복판에 한 그루의 잣나무가 우뚝 높이 솟아 있으니 이름하여 정충백精忠栢이라 하였다. 배 있는 곳으로 돌아와 재촉하는데, 유교流橋를 지나서 이호裡湖(소백제蘇白堤: 서쪽의 통칭)에 도착하여 회룡교回龍橋에 정박하니 천축天筑이 눈앞에 있었다. 관람코자 배를 떠나 언덕에 오르니 기이한 바윗돌과 잔잔한 시냇물이며 대나무 숲과 소나무 그늘에 돌과 돌 틈으로 겨우 통하는 길이다. 나무를 움켜쥐고 따라 올라가니 또 돌로 쌓아 만든 큰 길이 있어서 걸어가기가 쉽게 되어 있으며 석문이 높게 열려있고 가느다란 시냇물이 졸졸 흐르는 냉천정冷泉亭을 지나서 영은사靈隱寺에 다다르니 사찰이 웅대하고 넓으나 중은 불과 몇 사람밖에 없었다. 매년 가뭄이 심할 때에는 태수가 여기에 와서 기우제를 지낸다 하였다. 비래

봉飛來峰에 올라보니 이 봉우리는 서쪽 하늘로부터 날아왔다고 하는지라. 호원동呼猿洞을 지나 연화봉蓮花峰을 두루 관람하고 상천축上天竺에 도착하니 백운방白雲旁이라는 작은 암자가 있으므로 돌계단을 따라가니 한 도사가 윤건도복綸巾道服으로 누워 있다가 우리들을 보자 기상하여 인사하고 어디서 온 것을 묻고 동자를 시켜 차를 가져오게 하더니 동자를 시켜 원내 유람을 안내하였다. 동자의 인도로 원내를 자세히 탐방하고 서남쪽 담장 돌 난간에 의지하여 서쪽으로 내려다보니 층암層岩 수백장 아래에 깊고 큰 골짜기가 웅장하게 둘러있고 큰 절이 즐비하여 종소리가 멀리서 들려오는 지라 동자에게 물으니 법희사法喜寺라 하는데 승려가 수백 명이나 있고 사찰의 재산이 풍부하다고 한다. 부지불식간에 벌서 석양이었다. 백운방에서 돌아 걸어서 중천축中天竺에 도착하니 신니탑神泥塔이 있고, 좌우 석벽에는 모든 불상이 조각되어 있었다.

하천축에 돌아와서 왔던 길을 따라가니 해는 이미 저물어가므로 부득이 바쁜 걸음으로 배가 있는 곳으로 도착하였으나, 뱃사공이 많은 시간을 기다린지라. 술집으로 가서 음식을 사먹고 배를 타게 되니 벌써 황혼이 되고 초승달이 호수면에 비쳐지고 멀리 나무숲에 연기가 엉켜 오르고 전등이 별처럼 나열하며 달빛으로 물이 반짝이는데, 홀연히 환상을 이루어 나그네에게 남은 홍을 돋우는 듯, 몇 시간 지체하여 전당문밖에 다다르니 종소리 벌써 삼경을 알리고 성문이 굳게 닫혔다. 문을 열어 달라고 청하니 수문병졸이 누군데 무슨 까닭이냐고 힐문하므로 우리들은 "고려 사람으로 항주에 처음 와서 서호의 성대한 경치를 찾아다니다가 밤이 깊어가는 줄도 모르고 이렇게 늦었으니 특히 너그럽게 생각해 달라."고 하였더니 수문졸이 "특별한 사정이라." 하고 부탁을 들어주므로 감사의 말을 하고 숙소로 돌아왔다.

서호시西湖詩

거울처럼 맑게 열려진 십 리 호수
옛사람 마시던 술잔에 지금 사람도 마시네
그림같이 아름다운 전당구 어구의 강산
길이길이 비쳐주는 조담대의 해와 달
보각원루는 호숫가에 솟아있고
비봉기석 하늘에서 내려온 듯
신선의 별장처럼 볼수록 한이 없는 뛰어난 경치
달빛보고 배 돌리는 나그네 갈 길이 바빠지네

배악왕묘시拜岳王廟詩

괴이한 기운 가득하여 필경은 말하기 어려운데
오랑캐의 군대 무림성에 다닥치니
나라 위한 일편단심 아침해처럼 솟아오르고
하늘에 사무치는 정의와 기상 서운처럼 개어지네
오랑캐의 말굽소리 울리는데 봄풀은 푸르렀고
깎아지른 듯 산봉우리 저물녘 강물소리를 띠었다
적막한 호숫가에 비쳐주는 불빛 속에
영원히 서 있는 외로운 사당은 충신의 넋을 보여주네

7월 11일 (맑음) 김정 형은 볼일이 남아 있어 동반하지 못하고, 아침 8시에 나 홀로 차를 타고 상해로 돌아오니 학원의 모든 형제도 아무 별고 없었다.

7월 16일 오늘은 즉 7월 기망旣望(음력 16일)인바, 상해에 있는 동지 6~7명이 다과와 술과 안주를 준비해 가지고 황포강으로 가서 작은 배 한 척을 빌려 타고 강 중간에서 뱃놀이를 시작하여 양수포楊樹浦까지 거슬러 올라가서 종일 즐겁게 놀다가 돌아오니 밤이 이미 깊었다.

7월 19일 아침에 신문을 보니 항주체육학교고시에 내가 제2위를 차지하였다. 북경의 박정래에게 답신을 했다.

8월 2일 서간도에 있는 성인호의 서신과 국내에 있는 김갑의 서신을 접수하였다.

8월 15일 오늘은 중추절이다. 오후에 학원에서는 다과회를 열었다.

8월 20일 현세호玄世鎬 군 남매가 미국으로 출발하였다.

8월 21일 단정檀庭 김진용金晋鏞 부인 하河 씨가 북사천로北四川路 서양여관西洋旅館에서 별세하니, 그 참상을 차마 보기 어려웠다. 두 유아를 남겼으니 영英이와 웅雄이다.

8월 23일　단정부인檀庭夫人의 장례를 치렀는데 안정사安靜寺 오른편 공동묘지에 안장하였다.

9월 9일　오늘은 즉 중양절이다. 2~3명 동지와 술과 안주를 마련하여 회포를 풀었는데, 밤이 깊어진 뒤에 예관 선생이 영덕리永德里에서 중양회를 열고 사람을 보내 초청하므로 벽초와 동반하여 참석하니 여러 분이 모여 시와 술을 서로 주고받았다.

중양시重陽詩

고요한 밤 구름도 걷히고 달빛도 누각 위에 비쳤는데
서릿발 어린 하늘 씻을 듯하고 기적소리 들리는 가을철일세
종소리 흘러서 요란스럽게도 천리의 꿈을 깨우고
한잔 술로서 쌓인 근심을 씻어볼까 하노라
뭇나라 사람들이 제멋대로 설치는 이 땅
마음만 괴롭히고 있는 숙백叔伯 보고만 있을 뿐
어떻게 판단하여 큰 힘을 얻어서
세상을 휩쓰는 풍파를 무릅쓰고 큰 배를 운행할까

9월 11일 (아침 비)　아침식사 전 심부름하는 소년이 올라와서 고하기를, '손님이 왔다' 하기에 내려가 보니 프랑스 경관이 일본 경찰과 함께 와서 프랑스 경찰은 몇 마디 소개만 하고 곧 돌아가고 일본 경찰이 나에게 은근히 속삭이기를 당신들이 한국학생이니 지금 상해에 와서는

체면상으로나 국제관계로 보나 반드시 주소와 성명을 일본영사관에 제출등록하여야 타당한 규칙이며, 혹 일이 있을 때에 교섭상 필요하니 여기 몇 사람이 거주하고 있는지 같이 가기를 청한다. (그 언사가 천박하고 간사하여 가소로웠다.) 그들과 말을 주고받을 무렵 이찬영·김용호·최익준 등 3명이 내려와서 그의 눈에 걸렸다. 내가 말하기를 바라건대 먼저 떠나가면 아침을 마친 뒤에 곧 가겠다고 하니, 그는 듣지 않고 아침밥 먹기를 기다려 함께 가려 하므로 아침식사 후 이·김·최 및 나 네 사람이 일본 경찰을 따라 영사관으로 간 즉 소위 경부라는 자가 우리를 불러 책상 앞에 세워 놓고 무례하게 따지니, 전후 발언의 태도가 가증스러웠다. 오후에 이르러 네 사람이 모두 벌금 10원씩을 내고 풀려 돌아왔다.

9월 12일　급히 백이부락白爾部落으로 옮기고 각처에 흩어져 살기로 하니 대개 일본 경찰을 피해 숨어 살기 위함이었다.

志山外遊日誌

남양(동남아) 군도

1914년 10월 – 1918년 2월

1914년

10월 3일 벽초·단정·동성 및 네 사람이 모여서 남양군도로 떠나자고 결의하였다. 이 여행은 벽초가 제창하고 3명이 동의하여 동반하기로 하였다. 이 동기는 중국 광복 전후에 운동자금이 남양의 화교 중에서 많이 연출되었으므로 우리도 재원이 풍부한 남양에 광복운동의 자금기반을 마련할 수 있을지 답사코자 함이었다.

10월 6일 행장을 정돈하고 상해에 있는 여러분과 작별하고 오후 5시에 4사람이 황포탄에 도착하여 홍콩으로 가는 배에 오르니 예관 선생 및 동지 5~6명이 선창에 와서 전별하고 예관 선생은 벽초와 나에게 기념품을 증여하였다.

10월 7일 오전 8시에 배를 타고 항행을 시작하니 동양 제1의 번화하고 시끄러운 대 상해가 구름과 안개 가운데 사라져가며 모든 동지의 언소동작言笑動作이 묘연하니 창연한 회포가 고국을 떠나는 듯하였다.

10월 9일 산두汕頭·하문廈門을 통과하나 너무 멀어서 보이지 않았다.

10월 10일 (맑음) 오후 6시에 홍콩에 도착하여 정박하니 좌우 봉우리가 매우 특이하며 웅장하고 시가건축이 장엄하고 화려하며, 정교하고 치밀한 규모는 상해보다도 좀 더 우수하였다. 배에서 내리는데 밤은 이미 깊었고, 산마루의 전등과 하늘에 나열한 별이 서로 어울려서 하늘과 땅을 분별키 어려웠다. 8시에 태래객잔泰來客棧에 들어 저녁밥을 먹은 뒤에 남양선편을 물으니 전염병으로 직통은 극히 어렵다고 하였다.

10월 11일 부득이한 사정으로 인하여 야외여관에 이주하였다. 처음에 마음먹기는 싱가포르[新嘉坡]로 직항하려 했으나 전염병으로 인하여 의사의 증명과 경찰관의 신원증이 없으면 불가능한 고로 곧 출발하지 못하고 네 사람이 며칠 체류하게 되었다. 네 사람이 동반하여 시가에 구경을 나가니, 큰길은 넓고 평탄하며 차량이 복잡하였다. 산마루로 향하니 산 위 석벽 사이에 구불구불하게 길을 닦아서 자동차가 끊임없이 왕래하며 산세의 위아래를 따라서 양옥건축이 세워졌으니 도로양측의 꽃나무와 기이한 돌이며 모든 설비가 모두 꽃동산의 산장이며, 또 산 위에 기차를 가설하여 산마루에서 기계로 차(케이블카)를 오르락내리락 하게 하여 승객의 관광을 만족케 하니 차를 타고 절벽 중간에 이르러 차창으로 고개를 돌려 아래를 보면 옅은 안개와 아지랑이 속에 온 산의 기이한 화초와 호화로운 누각이 곧 현실 밖의 아름다운 경치인 듯하며, 자신이 역시 날개가 돋쳐 공중에 오른 듯 마음이 상쾌하고 몸이 가벼워지는 듯하더라. 저물녘에 항구 변두리를 걸어서 황후거리로 가니 영국 황제 2세의 동상이 서있고, 거함과 상선이 집중하여 있었다.

10월 12일 (맑음) 4명이 함께 나가 해안 동쪽 끝 산마루에 올라서 반대편의 구룡포九龍浦를 바라보고 오후에 연락선을 타고 구룡포로 건너가 구경하였다.

10월 14일 (흐림) 선창에 가서 선편을 물으니 남양 山打根(말레이지아의 산다칸) 항으로 출발하는 윤선輪船 현생호顯生號가 있어서 선표를 사니 1명당 3등석에 14원이었다.

10월 15일 (흐림) 큰 바다로 배가 떠나니 바람이 세고 파도가 높아서 배가 몹시 흔들려 뱃멀미를 아니 하는 사람이 없었다.

10월 17일 비로소 바람이 고요하고 바다가 잔잔하였다.

10월 18일 (맑음) 오후에 갑판으로 나가 동쪽을 바라보니 봉우리가 멀리 보이는 곳이 필리핀 서쪽이라. 기후는 온도가 화씨 80도에 달하고 선원 전체가 여름옷으로 갈아입었다.

10월 19일 (맑음) 오후에 산다칸 항에 접근하니 좌우에 푸른 숲이 울창하여 5~6월(우리나라) 절경이며, 기후는 찌는 듯이 더워서 85도에 이르렀다. 오후 4시 항구에 도착하여 정박, 상륙하니 해관세 관리가 와서 행장을 사찰하였다. 세관 관리는 인도 錫蘭島(실론) 사람으로 여기 와서 고용되어 있는데, 얼굴빛이 검은 칠을 한 듯하며 처음 접촉하니 공포심이 생겼다. 영어로 주고받는데 말소리가 쇳소리처럼 강하여 말뜻이 통하기 어려웠다. 이 항구는 영국 사람의 한 회사가 매점하여 관공리官公吏를 고용하여 치안을 하는데, 시가는 심히 번창하지도 않으나 또한 적막하지도 아니하며 상점과 거주하는 주민은 중국인이 다수요, 그 다음은 원주민이요, 일본인이 2천여 호이다. 물산은 어물과 과일이니 과일은 온대지방과 달라서 대개가 파인애플·망고·바나나·귤·사탕수수·야자·고무 종류였다. 관청은 정청政廳·전보국·우정국이었다.

10월 20일 (맑음) 해관에 나가 행장을 찾고 같은 배를 타고 온 중국인 벗을 찾아 앞길의 안위를 물었다.

10월 21일 중국인 친구의 소개와 권고로 중국인 양서영梁瑞榮의 상점(상호: 만리萬利) 삼층의 한 칸에 이주하니 식사도 주인이 제공하기로 하였다. 이곳 기후는 대개 춘하추동 4계절이 모두 더워서 여름 절기뿐이며 때때로 폭우가 있으나 빨리 개이며, 갠 날이 이틀은 가지 못하고 비가 와도 3시간 이상 길지 못하였다.

10월 25일 주인과 동반하여 산 뒤 과수원을 한 번 둘러보고 곧 돌아왔다.

10월 27일 일행이 여비가 떨어졌으므로 단정 1명만 싱가포르로 멀리 떠나, 그 곳에 가서 여비를 변통하여 부치기로 하고 먼저 배를 타고 떠났다.

10월 29일　오늘은 동지절인바 이곳 풍속이 술과 안주를 마련하고 즐기는지라, 주인이 역시 한 상 차려 친구를 부른 자리에 우리들도 참석하였다.

10월 30일　아침식사 후 나 홀로 외출하여 작은 고개를 넘어서 서쪽으로 10여 리를 가니, 산골짜기 거친 숲속을 가다가 종종 사람이 사는 집이 있으나 모두 중국인의 농가요, 도중에서 혹 원주민을 만나면 붉은 다리에 몸이 노출되고, 하는 행동이 원숭이 비슷하므로 의구심이 생겨 곧 돌아왔다.

11월 1일 (양력 12월 25일, 맑음 밤은 비)　이날은 예수 탄신일(크리스마스)이다. 이웃집 呂宋島(루손섬) 사람 상점에서 온종일 춤과 음악 연주를 즐기고, 교회당은 물론이요 각 상점이 모두 휴업하고 즐겼다.

11월 13일　오후에 본국 의주 사람 유성풍劉聖豊이 싱가포르로부터 오는 도중 구다항求多港 뱃머리에서 단정과 서로 대화를 나눌 수 있었다 하여 단정의 서신을 전달하니 해외 먼 나라에서의 해후라 즐거이 맞아 이야기하였다.

11월 15일　오늘은 양력 선달그믐날이다. 동성과 해안에서 소풍하고 늦게 돌아왔다.

11월 16일 (양력 1일 설)　주인이 술상을 차려놓고 초대하였다.

11월 19일　단정의 서신을 받으니 도중 아비항阿非港에서 부쳤더라.

11월 28일　유성풍이 나독항羅獨港으로 떠나므로 고별차 찾아왔다.

12월 11일　단정에게 서신을 부치고, 오후에는 단정의 전보를 받았다.

12월 28일　단정의 서신을 받으니 11월 13일 부친 것이 우편국에서 근 30일이나 유치되어 있다가 비로소 도착하였다. 대개 이 항구는 시설이 처음 창설된 것이고, 한 회사가 경영한 것이므로 우편송달이 이같이 불편하였다. 즉시 답전答電하였다.

12월 30일　오늘은 섣달그믐날이다. 3명이 고국으로부터 멀리 떨어져서 고독하고 의지할만한 사람이 없으니 서로 아무 말도 없이 지냈다.

을유(1915년)

정월 1일 (26세) 오늘은 즉 설날이다. 이곳 풍속이 새벽에 아침식사를 먹고 거리를 산책하는 것이라서 우리들도 역시 주인의 권유로 거리로 나가 술에 취해 돌아와서 침상에 누웠더니 단정이 왔다. 놀라고 기뻐서 문을 여니 싱가포르에서 와서 6시에 배에서 내렸는데, 두 곳에서 서로 떨어져있던 동안의 사정을 이야기도 나누고, 오후에 동반하여 거리로 나갔다.

정월 2일 (맑음) 이곳 풍속이 정초에는 재앙을 쫓는 것逐災으로 일을 삼고 있으므로 대나무와 종이로 큰 사자를 만들어 그림을 그리고 색을 칠하여 가공하고, 장정 10여 명이 어깨에 둘러매고 춤추며 집집마다 돌아다니며 재앙을 쫓으니 역시 한때 볼 만하였다. 오후에 일행 네 사람이 행장을 정리하고 출발하는데, 주인 양서영에게 3명이 2개월분의 식비를 갚아 주니 주인은 굳이 사양하고 받지 않았다. 감사한 뜻을 표하고 윤선 주태호周泰號를 타고 라부안納閩坡 항으로 출발하니 뱃삯이 3등석에 4원이었다. 오후 6시에 출항하였다.

정월 3일 (맑음) 오전 11시에 구다항에 이르러 배에서 내려 점심을 먹고 시가를 구경하니, 역시 새로 발전한 곳이므로 그다지 번창하지 못하였다. 배로 돌아와 다시 출항하였다.

정월 4일 (맑음) 오후 1시에 아비항에 닿으니 이 곳 역시 시가는 번창치 못하나 장래에 발전될 여망은 풍부하다고 한다. 상업은 모두 중국인이요, 기차가 왕래하니 탄광과 황색연초의 산지로서 교통이 편리하기 때문이다. 행화루杏花樓에 올라 점심을 먹고 6시에 배로 돌아와 출항하였다.

정월 5일 (맑음) 오전 8시에 라부안항에 닿아 배에서 내리니 가옥이 선명하고 도로가 깨끗하니 이는 영국령의 작은 섬이다. 주위가 약 5~60리요, 경제력은 중국인이 거의 장악한 실정이라 한다. 중국인 친구 진기장陳琪璋을 찾아 방문하니, 진은 이 항구 관상사회官商社會의 유력한 인물이다. 앞서 단정이 지나가는 길에 어떤 이의 소개로 진을 방문하여 많은 도움을 받았다 하며, 또 이번에도 진의 소개와 주선으로 계문학교啓文學校 내에서 며칠간 머무르게 되었다. 이 학교는 진 씨와 유지 몇 사람이 세워서 중국인 자제를 교육하며 교원은 복건福建 사람 왕씨·진 씨이니 모두 인품이 단정하고 학식이 풍부하였다. 4명의 침대와 식사가 학교 안에서 제공되었다.

정월 6일 (맑음, 바람이 세다) 진 씨가 찾아와서 우리들에게 말하기를 건너편 작은 섬에 야자원椰子園이 있는데 원내에 양옥 한 채가 있어서 그 모습이 볼 만하며, 이는 영국의 개인 소유인바 지금 팔고 돌아가고자 하는데 값은 3~4천원이라 하며 함께 가서 보기를 청하므로 동반하여 작은 배를 타고 섬에 올라 야자원을 둘러보는데, 서편 산 정자에 도착하여 다리를 잠시 쉬니 진 씨가 벌써 집지키는 관리원에게 부탁하여 다과를 준비해 두었다. 진 씨와 함께 테이블에 둘러 앉아 즐겁게 마시며 내려다보니, 파도는 잔잔하며 고기잡이배가 오락가락하였다. 늦게 돌아왔다.

정월 8일 오후에 4명이 동반하여 도보로 원주민 부락에 이르러 그들의 생활 상태를 살펴보니, 남녀가 모두 맨발에다 웃통은 알몸이고, 다만 아랫도리에만 짧은 치마로 가렸을 뿐이고 손가락으로 밥을 먹고 있었다.

정월 10일 본 학교의 홍총리洪總理가 진 씨와 동반하여 찾아와 인사하고 이야기를 나누다가 돌아갔다.

정월 11일 진 씨가 우리들의 여비를 마련해 갖고 와서 주니, 참으로 고맙고도 부끄러운 마음 금할 수 없었다.

정월 12일 배를 타고 출발코자 하였더니 진 씨가 와서 말하기를 이 배는 나무를 실어 위험한 점이 있으니 기다리다가 다음 배편을 이용하는 것이 좋을 거라고 하므로 마침내 중지하였다.

정월 13일 저녁식사 후 본교 교원 왕·진 두 사람과 합 6명이 동반하여 진 씨 집을 찾으니 달빛이 낮과 같이 밝았다. 진 씨가 그 장

남에게 낚시도구를 준비케 하여 문 앞의 바다와 만의 넓은 다리에 좌석을 마련하고, 다리 밑으로 낚시를 던져 큰 게 10여 마리를 낚았다. 진 씨가 아이들을 시켜 쪄오게 하여 이것을 안주삼아 즐겁게 마시고 돌아왔다.

정월 14일 저녁식사 후 4명이 동반하여 진 씨를 방문하였는데, 그때 달빛은 야자수에 걸쳐 있고 해안에 거세게 부딪치는데, 집안에서는 거문고 가락이 요량하게 들렸다. 대개 진 씨는 토요일마다 공무의 여가에 가족의 남녀·어른·아이를 모두 중당中堂에 불러 거문고를 타고 노래 부르며 온 집안이 단란하니, 이는 진 씨 가정의 정해진 규례規禮였다. 또 진 군이 어려서부터 서양 풍속에 익숙하여 찾아오는 객을 꺼리지 않아서, 혼연히 맞아들여 가족으로 하여금 의연히 거문고를 타고 노래를 부르게 하다가 거문고와 노래를 쉬고, 술과 과실을 내오게 하여 즐겁게 마시고 밤이 깊어서야 돌아왔다.

정월 15일 즉 상원上元(정월대보름)이라, 폭죽이 사방에서 터지고 요란하였다. 이날 오전에 행장을 정리하고 배를 탔다가 일단 내려서 거리에 나가 거닐다가 석양에 배로 돌아와 잠잤다. 배의 이름은 앙안호仰安號인바 2등석의 뱃삯이 싱가포르까지 인당 25원이요 3일간 항행한다고 하였다.

정월 16일 정오에 배가 떠났는데, 지난번 산다칸 항구에서 만난 유성풍이 역시 이 배를 타고 왔다. 반가이 만나 이야기하였다.

정월 17일　파도가 너무도 거세어 갑판에 나와 밖을 바라볼 수 없었다.

정월 19일 (맑음)　오후 3시에 싱가포르에 도착하여 정박하니 이 항구는 유럽과 아시아 내왕의 중심지요, 남양에서 제1의 대도시이다. 하루 동안에 각국 윤선의 출입이 30개 이상이나 된다고 하였다. 부두에는 손님을 맞는 자동차가 폭주하여 끊임없이 드나들며, 내리는 즉시 중국 국민일보사를 방문하여 소개서를 교부하고 사원들과 인사를 나누었다. 이 신문사 3층에 큰 방 한 칸을 빌려 묵기로 하였다. 이곳에서 제1의 통용어는 영어요, 그 다음은 말레이어요, 중국어는 복건·광동 말을 주로 쓴다고 한다.

정월 20일 (맑음)　저녁식사 후 본보 사장 뇌철애雷鐵崖 선생을 방문하고 시가구경을 하니 건축은 모두 양식으로 되었는데, 그 규모가 장려하며 인도인의 사찰과 중국인의 사찰이 여기저기 있었다. 이곳 인구는 현재 40만인데, 중국인이 9할이요, 나머지 1할은 일본인이 반쯤이고, 나머지 절반은 인도인과 원주민이라 한다.

정월 26일　오후에 단정이 쿠알라룸푸르[吉隆坡]로 떠났다.

정월 27일　동성(김덕진)과 거리로 나갔다가 유성풍을 길에서 만나 3명이 동반하여 식물원으로 가서 구경하였다.

2월 3일　상해의 예관 선생에게 서신을 부치고, 단정이 부쳐준 돈을 받았다.

2월 10일　아침에 단정이 쿠알라룸푸르로부터 돌아왔다.

2월 15일　동성이 홍콩으로 출발하였다. 이날 밤에 벽초·단정 및 나와 4명이 서양극장으로 가서 구경하고 늦게 돌아왔다.

4월 3일　기후가 맞지 않아서 몸이 퍽 불쾌하여 고통스러웠다.

4월 21일　단정이 쿠알라룸푸르로 출발하였다. 뜻밖에 평양인 2명이 찾아왔다.

4월 26일　단정이 부친 돈을 접수하였다.

4월 27일　탄종 카통으로 가니, 이곳은 싱가포르에서 제일 좋은 곳이다. 야자수가 우거진 백사장에 다방·술집이 깨끗하게 설비되어 있고, 유럽과 미국 사람들이 다수 유람하고, 해수욕장의 장치·설비 또한 볼 만하였다.

5월 3일　상해로 서신을 부쳤다.

5월 4일　동성이 홍콩에서 돌아왔다.

5월 13일　저녁식사 후 기차로 쿠알라룸푸르로 출발하는데, 달빛이 밝으며 기차가 달려가는 거친 숲 속에 어디를 보아도 사람이 사는 곳이 없다. 오지의 개발되지 않은 땅에 원숭이 울음소리만 들렸다.

5월 14일　아침 7시에 쿠알라룸푸르에 도착하니, 이 땅은 말레이시아 연방의 수도이다. 산천이 웅위하고 거리가 번화하여 볼 만하였다. 반산파半山坡에 있는 중국인 상점 보흥호寶興號로 가서 단정을 찾고 오후에는 단정과 박물관으로 가서 남양 원주민의 오래된 기이한 물건들을 관람하고 식물원에 가서는 남양의 화초와 유과수를 두루 구경하고 저녁식사 후에는 주인 영감 및 우리들 3명이 영화를 보고 늦게 돌아왔다.

5월 15일　아침 6시에 기차로 출발하여 오후에 싱가포르에 돌아왔다.

5월 29일　단정이 쿠알라룸푸르로부터 돌아오고 상해 변광호의 서신을 접견하니 상해의 형제들이 모두 무탈하다고 전하였다.

6월 10일　상해의 이걸李杰로부터 온 서신을 받아보니 상해에서 홍콩으로 왔다고 하였다.

6월 12일 동성이 재차 홍콩으로 출발하였다.

6월 13일 싱가포르 서쪽 금방마로金傍馬路에 있는 양옥 한 채를 빌려서 짐을 옮기니 객실이 한 칸 부엌·식당·독서실·침실이 각각 1칸이니 침대 4대를 설치하여도 방에 여유가 있으며 다락 위 뒷면에는 빨래 너는 곳이 있고, 집 뒤에는 공공운동장이 있어서 석양에 뒷문을 열면 심신이 상쾌하였다.

6월 14일 3명이 동반하여 시가로 나가 가구를 구입하였다. 양식 철제침대가 4개, 주망사蛛網紗모기장이 4개, 요와 이불이 4개, 등의자가 6개, 등탁자가 대소 3개, 식탁이 1개, 의자가 4개, 광명등 1개, 좌등 4개, 객실의 선반 3개, 기타 주방용 가구를 다 합하여 가격이 380원이었다.

6월 16일 단정이 쿠알라룸푸르로 출발하였다.

6월 22일 단정이 부친 돈을 받았다. 피낭[檳榔島: 말레이시아 섬 페낭]에서 부쳤더라.

8월 23일 동지 이정李貞이 홍콩으로부터 와서 같이 체류하였다.

9월 4일 새벽에 도적이 뒷문으로부터 들어와서 기르는 닭 8마리를 훔쳐 갔다.

9월 26일 이정이 홍콩으로 돌아갔다.

12월 30일 즉 섣달그믐날이다. 동성과 동반하여 천복궁天福宮으로 가니 등촉이 대낮과 같이 밝고 선남선녀가 운집하여 옷이 화려하며 모두가 부처님께 절하고 분향하여 축복 속에서 밤을 새우는지라. 동성이 역시 사람들이 모인 가운데 흥이 과하게 겨워 여기서 절하고 저기서 자빠지니 곁에서 구경하던 나는 웃음을 참기 어려웠다.

병진(1916년)

정월 1일 (27세)　오랜 세월을 해외에서 머무르면서 여러 차례 새해를 맞이하니 향수를 억제키 어려웠다. 3명이 함께 나가서 영화를 관람하고 늦게 돌아왔다.

3월 2일　단정이 하해명何海鳴을 방문코자 홍콩으로 출발하였다. 이른 봄에 중국혁명 인사가 일본으로 도피하여 체류하다가 손중산孫中山이 돌연 광동으로 들어와 군정부를 조직하고 북벌을 추진하다가 일이 실패하여 또 일본으로 도피하더니, 봄철에 하해명이 또 광동으로 들어와서 계속하여 군정부조직을 도모하고 북벌을 선포하니, 단정이 지난날 하해명과 친분이 자못 두터웠기 때문에 기회를 살펴 그를 원조하고자 출발하니 남양에 있는 중국지사동지들이 다소의 군자금을 단정에게 부탁하여 보냈다.

3월 25일　내가 쿠알라룸푸르로 가서 청년회관에 머물렀다.

3월 29일　이포[怡堡, 말레이지아의 항구]로 가서 역시 청년회관에 머물렀다.

4월 3일　싱가포르로 돌아왔다.

4월 10일　중국인 친구 송감지宋鑑之가 찾아와서 단정의 소식을 묻고, 앞서 단정이 말라카 근처에 고무농장을 사두었다는 일, 주석광산에 투자한 일, 고무공장에 투자경영하는 일 등을 이야기하니 3명이 처음 듣는 이야기였다.

5월 5일　쿠알라룸푸르로 떠나 오후에 도착하여 여관에 투숙하였다.

5월 12일　중국인 친구가 찾아와서 한담하는 가운데, 백학산白鶴山 극락사極樂寺의 경치가 볼만하다고 말하면서 한 번 가보라고 권하더라.

5월 13일　3명의 중국인 친구와 동반하여 백학산에 오르는데, 불과 5~6리를 가니 돌이 많은 좁은 길이나 작은 시내 사이사이에 잔도棧道가 있으며 흰 모래가 깔린 푸른 물이 잔잔하여 가히 볼만하고 절 앞에 다다르니 거대한 절이 웅장화려하며 전각 앞에는 반석이 널리 깔려 있어서 약 3~4묘畝나 되고 반석 가운데에 연못을 파 놓았으니 못 면적이 1묘 이상이나 되었다. 못 가운데에는 자라를 기르는데, 수많은 자라가 자유자재로 노닐고 있으며, 주위에 새장을 많이 달아두어 꾀꼬리와 앵무새가 지저귀니 그 자연의 번화함이 티가 없는 듯하나, 사찰의 청정한 것에는 미치지 못하였다. 시 한 구절을 읊으니,

남쪽으로 온 선비는 본래부터 알려졌으며
백학산 가운데 별세계가 있어서

흰 돌 푸른 숲 사이로 뻗쳐진 언덕길
하얀 모래 섞여 흐르는 물 깨끗도 하네

또 시 한 구절,

찌는 듯한 남쪽나라
녹음 속에 유람하나
아지못게라 어느 곳에서 참 멋을 찾을는지
못 가운데 기르는
자라 함께 즐기고
전각의 채롱 속에 꾀꼬리 소리 아름답네
늙은 학이 들을 만하게도 흐르는 물 청결하고
원숭이 차 끓이는
시늉이며 백운은 짙어졌네
동서에서 오는 유람객 끊임없었고
은은 목탁 소리는 경세의 종이러라

5월 14일 길을 돌려 이포에 도착하여 여관에 투숙하니 친구 몇 명이 찾아 왔다가 돌아갔다. 침실에 달빛이 스며드니 고향 생각으로 잠을 이루기 어려웠다. 시 한 구절을 읊으니,

여관에 홀로 앉아

만감이 복받쳤고
한 가닥 향수가 멀리 동쪽으로 기울어지네
건 벗고 침대에 누워도 꿈을 꾸기 어려워
신 끌고 뜰을 거닐며
시원한 바람 맞고 싶어
우두커니 천만년 묵은 달 물끄러미 보다가
머리 돌려 가만히 들으니 새벽종일세
첩첩 둘러싸인 만 천 봉우리 이었다 끊었다
아름다운 소리 하염없네 북쪽에서 날아오는 기러기

5월 15일　벽초의 서신을 접하니 그간 단정이 홍콩으로부터 돌아왔다가 쿠알라룸푸르로 떠났다고 하더라. 또 시 한 구절을 읊으니,

시원한 바람 바다에서 불고
돌아올 때는 기약 어기지 않으되
멀리는 괴로운 꿈이 많아지고
가까이 그리움이 날로 느네
중국에선 어려운 일뿐인데
남쪽나라에선 그대와 시만 읊으네
얼마였던가 풍진의 체험
그대에게 물으니 응당 스스로 알리라

5월 16일 이날 떠나 쿠알라룸푸르에 도착하니 동성도 역시 이곳에 와 있다가 단정과 함께 역에까지 마중 나왔다. 오래간만에 만난지라 즐겁게 악수하고 반가움을 나누었다. 3명이 여관으로 함께 돌아와서 각각 지난 이야기를 하였다.

5월 17일 아침식사 후 3명이 각각 길을 나누어 나는 싱가포르로 돌아가고 단정은 피낭으로 가고 동성은 말라카[馬來架]로 출발하였다.

5월 18일 아침 7시 싱가포르에 도착하니 벽초가 홀로 있다가 반가이 맞았다.

5월 20일 동성이 말라카로부터 돌아왔다.

6월 2일 단정이 피낭으로부터 돌아 왔다. 단정이 잡지 《태양》을 사서 보다가 가져왔는데, 펴보니 유럽 전란의 화보였다. 느낀 바 있어 시 한 구절을 읊으니,

천년을 두고 만나기 어려운 좋은 인연
일호와 십부가 둥그렇게 늘어섰도다
천보 밝고 맑아서 딱 부합하고
인정은 어리둥절해서 서로 견제하네
머리를 들어 부르짖는 원한의 염라국

채찍을 휘둘러 크게 외치는 옥문 휘둘리네
세상은 마치 극장처럼 천태만상
이 몸은 관객이 되어 하늘가에 서 있도다

6월 13일 달빛이 멋있고 4명이 모였는지라 주방을 불러 술과 안주를 마련하고, 누상樓上 발코니에 테이블과 의자를 벌여 놓고 4명이 술잔을 돌리며 담화하다가 밤이 깊어도 각기 의자에 기대어 잠들어 말이 없는지라. 나 홀로 자지 않고 앉아서 중국 서호에 있는 삼강三岡 신건식을 생각하면서 시 한 구절을 읊어보니

님 그려 달을 보니,
밤은 창망한데
거듭거듭 돌이켜 생각하고 오장이 찢어질 듯
침대에 누워 생각키우는 호숫가의 경치
솔솔 부는 바람 나를 꿈나라로 끌어 들였네

6월 22일 단정 · 벽초 · 동성 및 나와 4사람이 배를 타고 같이 가서 지난날 단정이 사두었던 고무농장을 두루 보고 거기서 유숙하였다.

6월 23일 싱가포르로 돌아왔다. 남양의 기후에 대한 느낀 바를 시 한 구절로 읊으니,

남국의 무더위는 언제라도 무더워
해는 다 가도 계절은 옮겨지지 않네
옛 가르침은 실행키 어렵고
새로 만들어진 책은 호기심만 자아낸다
춥고 더움이 한결같이 변함없으니
봄과 가을을 어찌 알 수 있으랴
상 위에 있는 책력을 보고서야
비로소 어느 계절인지 알겠구나

또 남양 원주민을 읊어본다.

듣건대 옛적의 유휘씨
비로소 남양을 교화할제
먹을 것을 얻어 원숭이와 같이 먹고
숲에 올라 들쥐와 같이 뛰었다고
머리에는 붉은 털모자 쓰고
몸에는 검고 얼룩진 꽃을 입어
서로 재재거리는 말이
무슨 뜻인지 알 도리 없었다네

6월 26일　단정은 자바瓜蛙로 출발하였다. 우연히 시 한 구절 읊으니,

철쭉꽃 피우는 계절도 분변치 못하니
아지못게라 서서 당기는 천치로세
나는 학이 구름을 타지 못한다면
원컨대 위수가에서 낚싯대나 쥐어 볼 것을
복잡한 세대에 뜻대로 되는 일 없어
이곳저곳 소요하는 이 몸은 한가하네
선인의 가르침이 깊은 뜻이 있다면
은근히 나를 가르쳐 홀로 탈속케 하소서

7월 2일　이걸이 홍콩으로부터 왔다.

7월 13일　단정이 자바로부터 돌아왔는데 소득이 많다고 하였다.

8월 13일　이날 밤은 달빛이 멋있어서 동성 및 나와 또 이웃집 여자 2명 등 모두 4명이 자동차를 불러 타고 탄종 카통을 소풍하고 돌아왔다.

12월 17일　이걸과 동반하여 쿠알라룸푸르로 출발하였다.

12월 22일　이포에 이르러 청년회관에서 유숙하였다.

12월 24일　피낭에 이르러 여관에서 유숙하였다.

12월 25일 이걸이 말라카로부터 피낭에 이르러 같이 여관에 유숙하였다.

12월 26일 이걸과 동반하여 백학산 극락사로 거듭 유람갔다.

12월 28일 이걸과 동반하여 섬라暹羅(당시의 샴, 지금의 태국) 우편선을 타고 섬라국 서울 방콕[盤曲]으로 출발하는데, 우편선이 작고 불결하므로 1등실을 사려하니 피낭에서 섬라국 남단에 있는 통가通呵까지 1등실 뱃삯이 인당 40원 40전이요, 3일간 항해한다고 한다. 밤 10시에 배가 떠났다.

12월 29일 아침에 선내에 있는 식당 소사小使가 와서 식사를 고하므로 식당으로 들어가니 반찬이 모두 섬라국 음식이라 식성에 맞지 않아 먹을 수 없어서 식사를 그만두었더니 석유회사 사장 미국인이 역시 1등표를 사고 배를 탔는데 이 배에서 제공하는 식사를 잘 알고 있어서 자기가 먹을 것을 예비해 갖고 배를 탄지라 그가 우리들이 식사 못하는 것을 보고 자기가 가진 식품을 나누어 주므로 수차 사양하다가 거듭 권하므로 몰염치하게 부득이 받아먹으니 허기를 면하고 항해하여 오후에 도착하니 바다에 크고 작은 섬들이 물오리 떼와도 같이 또는 물고기·자라와도 같이 점점이 있으며 혹은 대각과 같고 혹은 병마와 같아서 바다에 가득 차서 막고 겹치는 천태만상이며 모두 돌로 깎여 나와 자취紫翠가 아름다우며 겹겹이 벽같이 모여 있는 바위섬의 절경의 아름다움과

형태의 비할 데 없는 기이함이 말로 표현할 수 없더라. 항해 중에서도 앞뒤로 돌아보니 실로 별천지요 속세가 아닌 느낌이 없지 않았다. 내가 우리나라 금강산을 보지 못하였으므로 비교하기 어려우나, 이에서 더할까 하는 느낌마저 있었다. 여기서 시 한 구절을 읊으니,

멀리서 보이는 빛난 경색 점행하는 배
쑥나온 금봉우리 해류를 막았으나
도리어 병마천군과도 같이 달리고 있어서
돌이켜보니 부용화 만 떨기가 떠서 있는 듯
연기와 저녁놀 적막히 금장을 드리는 듯
자취가 너무도 빛나 옥루를 가리는 듯
날이 다하도록 왕모사를 만나지 못하고
부질없는 감회 중에 영주를 지나왔네.

별안간에 해는 이미 서쪽에 기울어지고 사방이 어두워지니 바다의 경치가 연기처럼 사라져 보이지 않았다.

마침내 침대로 들어갔다. 이날은 즉 섣달그믐날이다. 지금 항해 중에 있어서 지난해 이날 밤에 동성과 같이 천복궁으로 가서 놀던 일을 추억하고 시로써 표현하였는데,

지난해 오늘밤엔 새벽녘까지
천복궁 앞으로 가서 늦는 줄 몰랐다

부처님께 절하고 분향하여 빌었건만
천치같이 웃었다 눈에 띄는 기괴한 모습

다음에 또 읊은 시,

지금 황혼을 무릅쓰고
길이 늦을세라 뗏목타고 바다에
세상소리 적막하여 부를 데 없고
구름처럼 떠오른 생각 멍청히 앉았네

정사(1917년)

정월 1일 (28세) 오늘은 설날이라 일찍 일어나 갑판 위로 나가서 사방을 돌아보니 어제 같은 경치는 볼 수 없고, 다만 푸른 물결만 울렁대고 나는 듯한 물고기 뛰는 거동에 대하여 느낀 바를 읊어보니,

한 번 광풍이 일면서부터
거연히 일곱 해를 떠돌았네.
행락은 취한 나머지 흥을 찾고
하는 일 없이 조용한데 종만 울리네.
머리 긁고 뱃전에서
저녁놀
천공을 바라보니 기러기 돌아가네.
어젯밤 꿈속에서
고향의 뒷동산
봄날 산굴 속이 어렴풋 안개로 짙네.

정월 2일 오전 9시에 섬라국 통가通呵항구에 내려서 여관으로 가서 비로소 밥을 먹게 되었다.

이곳도 기후가 역시 남양과 큰 차이가 없는지라. 때는 정월인데도 홑옷을 입고도 추운 줄 모르겠고, 초목이 무성하여 여름날 경치이며 면화수棉花樹의 길이가 앵두나무 같은데 면화는 그다지 보이지 않으며, 이걸

과 함께 여관에 투숙하였다. 이날 저녁 엊그제 바다 가운데에서 보고 느낀 것을 다시 추억하며 시로써 읊어보니,

아침 해 떠올라 뱃사공을 부르듯
문 앞에 정박한 만리길 배
몇 번인가 울리는 기적소리 바다에
푸른 물결 높은데
짝지어 나는 제비
멀리 뵈는 저녁놀도 깊어진 곳
깎은 듯한 금봉우리
천이런가 만이런가
기개는 웅대하여 세상을 덮고
특별히 세운 뜻 무변대해 같도다.

정월 4일 이걸이 섬라국 남단 청분항구淸芬港口로 떠나는데 섬라국 서울 방콕에서 만나기로 약속하고 배를 타고 떠나니 나는 선창까지 가서 전송하였다. 시 한 구절을 읊으니,

쌀쌀한 바람 강가에 불어오는데
돌아보아도 멀리 보낸 이 없네
남국은 이제 풀을 베어도
거칠은 대지는 아직 고을을 이루지 못하네

정월 7일 차를 타고 섬라국 서울 방콕으로 가는데, 이 철로는 영국인이 섬라 정부에서 철도부설권을 획득해서 부설한 것이며 방콕까지 개통한 지 겨우 2년이라. 차역설비도 완비되지 못하고 또 남쪽 섬라도 태반이 황무지로 주민이 드물게 사는 고로, 차가 가다가 날이 저물게 되면 차가 역에서 밤을 새우고 다음날 아침에 출발한다. 이날 해가 저물어서 역에서 밤을 지냈다.

정월 8일 아침에 차를 타고 가는데 차선좌우에 주민이 없고 황막한 광야에 수림만 겹겹이 울창하였다. 밤이 되니 차가 역시 가지 않고 역에서 밤을 새웠다. 승객 중 중국인들이 행장을 정리하고 차에서 내려 나 역시 행장을 챙겨 중국인 하는 대로 차에서 내리니 인가도 없고 여관도 없는지라. 중국인을 따라 밀림 안으로 약 1리쯤 걸어가니 야외 막사를 설치하고 길을 따라 대나무를 세워 대나무의 기다란 가지에다 「객잔」이라고 크게 글자를 쓴 것이 달려있다. 나 역시 이 막에서 투숙하니 마음이 산란하여 밤새도록 잠을 이루지 못하고 날이 밝기를 기다렸다.

정월 9일 이른 아침에 막사 안에서 아침식사를 하고 중국인을 따라 역에 도착하여 차를 타고 전진하는데, 사람 사는 촌락이 보이지 않더니 정오부터 겨우 촌락이 눈에 띄었다. 차가 역에 도착하니 역에도 시설이 갖추어지고 시가도 번창하며 섬라국 육군장교 수십 명이 병졸 백여 명을 통솔하고 야외훈련을 하는 모양이었다. 또 한 시간쯤 전진할 무렵에 눈이 모자라는 평야에 벼가 익어서 방금 거두어들인 때인데 이때가 바로 정월로 추수가 마침 바쁜 때이니 남북의 기후차이가 이처럼 사람을 놀라게 할 만한지라. 중국인에게 물으니 이곳은 1년간에 두 차례(이모작)나 벼농사를 짓는다 하였다.

석양에 기차가 대도시에 도착하니 건축과 제반시설이 모두 서양식이요 역에 오락가락하는 사람들의 태반이 중국인이었다. 중국인에게 물으니 여기서 섬라국 서울 방콕까지 불과 백리인데, 이곳에는 섬라국 황제의 행궁이 있어 방금 섬라국왕이 행차하였다가 돌아가는 중인 고로 역 앞이 이와 같이 번잡하다고 하였는데, 얼마 지나서 군인과 장교 일대가 왕을 호위하고 역에 도착하니 학생과 군중이 뒤를 따라 모여들어 만세를 부르면서 환호소리 요란하였다.

여기서부터 매양 역에 도착할 때마다 군중이 만세를 부르고 환호하며 황혼에 차가 섬라국 서울 방콕에 도착하니 군중이 열광적으로 왕을 환영하여 떠드는 소리 몹시도 시끄럽고 복잡하였다. 하차하여 도안객잔道安客棧 상층 3호실에 투숙하여, 옷을 벗고 정돈한 뒤 저녁밥을 먹었다.

정월 10일 아침식사 후 중국인이 경영하는 국민일보사를 방문하고 또 여기 거주하는 중국 친구를 방문하여 소개서를 전달하고 시가구경을 하니 여기 거주하는 큰 장사치는 모두 중국인이요 섬라인도 약간 장사를 하고는 있으나 모두 변두리에 살고 있어 본국인 같지 않으며 섬라인은 관리가 다수 있으나 사업을 경영하는 데는 적당치 못하고 도시 내에는 사찰이 많이 있고 따라서 승려가 상당수 있는데, 승려의 생활은 시내에 있는 장사하는 집과 일반주민의 구역을 나누어 돌면서 식사 및 필

수품을 공급받고 있었다. 섬라국 정부수입은 대다수가 화인상점에서 거두어들이는 것과 섬라국 북부지방에서 수출하는 목재대금의 수입으로 충당한다고 한다. 섬라국 서쪽 방면에 섬라왕의 신왕궁이 있어서 지극히 웅장하고 화려하며 좌우 도로 및 숲이 지극히 정교롭고 조용하고 동으로는 구왕궁이 있으니 역시 숭고 장엄하였다. 바다와 만이 도시남단에 있어서 상선이 시가 변두리에 폭주하여 번화하고 또 지극히 편리하다고 한다.

정월 11일 아침식사 후 본국 의주에서 온 장모某 · 이모某 2명이 여관주인을 서로 알고 있는 고로 여관주인을 방문하였다가, 여관주인에게서 내가 조선인으로 투숙하고 있다는 것을 알고 찾아와서 서로 인사를 나누었다. 해외에서 동포가 서로 만나니 이 역시 인연이다. 이 씨 · 장씨 2명은 본래 인삼상으로 1개월 전에 이곳에 도착하였고, 올 때에 홍콩에서 겸곡 박은식 선생이 저작한 《안중근전》을 백여 권이나 휴대하고 와서 중국인에게 판매하였다고 한다.

정월 12일 대만인[華人] 정 씨가 찾아와서 인사하고, 동족이라 하여 매우 친절히 대하여 주었다.

정월 14일 여관주인이 올라와서 손님이 방문하여 지금 아래 객당에 있으니 내려가서 만나라 하거늘 내가 추측컨대 신문사의 중국인 친구가 온 듯하여 즉시 내려가 말을 걸어본즉, 이는 일본인으로 현재 섬라국 주재 일본 총영사관의 탐정직무자였다. 일전에 《안중근전》을 매각한 장씨와 이 씨를 탐색하려고 여기까지 왔다가 조선인이 유숙한다는 말을 듣고 여관주인에게 물으매 주인이 그 내용을 모르는 고로 나에게 잘못 전하였으니 이른바 고기 그물에 기러기가 걸려 있는 격이었다. 일본인이 나를 보고, "공이 장모某인가, 이모某인가?" 하고 묻기로 내가 대답하기를, "아니다 나는 정모某이다." 하니, 또 묻기를, "그러면 이 · 장과 서로 면식이 있는가?" 내 말하기를, "아니다. 금시초문이다." 하니 "그러면 공이 도착한 뒤에 일본영사관에 왔다는 보고를 하였는가?" 내 대답이, "하지 않았다." 하니 그 일본인이 홀연히 언사가 불손하며 마치 힐책하는 태도로 말하기를, "내 오늘 긴급히 바쁜 일이 있어서 같이 가지 못하니, 내일 오전에는 왔다는 보고를 영사관에 하라. 지체하면 장차 처분이 있을 것이다." 하고 곧 바쁜 걸음으로 나가는데 마치 죄인의 뒤를 쫓는 태도이다. 나는 바로 이런 분위기를 벗어나고자 곧 선창으로 가서 싱가포르로 가는 배를 알아보니 모레 떠나는 배가 있다 하므로 곧 돌아와서 행장을 챙기고 다른 곳으로 옮겼다.

정월 16일 선표를 사고 승선하였는데, 당일 오후 출항할 예정이었으나 제4부두에서 적재할 화물이 있어서 하루를 더 정박하고 다음날 출발한다 하였다. 제4부두는 즉 일본영사관 앞이라 혹시 어제 찾아왔던 일본 정탐이 배에 오를까 염려하여 즉각으로 선원 한 사람을 매수하여 주방에서 병을 칭하며 문을 닫고 홀로 누웠으니 마음이 조급하여 일각이 삼추와 같은 느낌이었다.

정월 17일　배가 항구를 벗어나니 유쾌한 마음 채롱 속의 새가 공중에 나는 듯하였다.

정월 20일　11시에 싱가포르에 도착하여 숙소로 돌아오니 단정은 그동안 자바로부터 귀환하고 벽초·동성은 모두 편안하였다. 내가 가진 여비는 1개월은 쓸 수 있었다.

2월 14일　이걸의 서신을 받으니 섬라국 서울 방콕에서 부친 서신이다. 그 내용이 내가 섬라국 서울을 떠난 뒤에 일본 영사관에서 나를 찾지 못하니 그들은 나와 상종하던 대만인 친구와 국민일보사에 의심을 두고 섬라 정부에 교섭하여 섬라 경찰을 대동하고 대만인 친구 사택을 수색하고 국민일보사에 몇 차례 힐문하여 한때 소란을 피웠다 한다. 그리하여 이걸이 뒤에 그 곳에 도착하여 지내는 데도 곤란을 겪었다는 내용이었다.

7월 12일　변영만卞榮晩이 유럽으로 가던 차에 싱가포르에 도착하여 앞길이 막혔으므로 같이 유숙하였다. 단정이 하상연河相演의 누이동생과 약혼하였다.

9월 4일　단정이 결혼차로 북경으로 떠나갔다.

10월 18일　몇 해 전부터 재배하던 고무농장을 내놓고 파니, 대금이 2,200원이었다. 귀국하고자 처리한 것이다.

10월 25일 벽초·동성 및 나 3명이 거취를 결정하고 가구를 내놓고 파니 대금이 480원이었다. 행장을 정리하였다.

10월 27일 벽초·동성 및 나와 변영만 4명이 선표를 샀는데, 싱가포르로부터 상해에 이르기까지 3등석 인당 36원이었다. 4명이 승선하고 오후 11시에 출범할새 회고하니, 싱가포르에 와서 거주한 지 이미 4년이 흘렀다. 시가 해안이 정이 깊이 들지 않는 곳이 없는지라 마치 고향을 떠나는 듯 감회가 많았다.

10월 29일 홍콩에 도착하여 1박 하였다.

11월 1일 아침 9시에 홍콩에서 출항하였다.

11월 3일 아침에 상해에 도착하였다. 상륙하여 예관 선생과 여러 동지를 방문하고 곧 배로 돌아오려 하니 예관 선생이며 여러 동지들이 만류하여 영남루嶺南樓에서 만찬을 하고 배로 돌아왔다.

11월 4일 벽초와 변영만 두 사람은 상해에 체류하고 나와 동성은 정오에 배를 타고 출항하여 일본 고베[神戶]로 향하니 지나는 길에 일본을 한 번 구경코자 함이다.

11월 5일　고베에 도착하여 여관에 투숙하니 일본어가 통하지 않아 심히 불편하였다.

11월 6일　거리로 나가서 구경하는데 물화가 매우 번창하나 언어가 통하지 않아 취미가 없었다. 해안의 구스노키 마사시게[楠木正成] 신사로 가서 관람하고 돌아왔다.

11월 8일　기차를 타고 강산岡山과 광도廣島를 지나가니 종종 해안이 보이는데 소나무 숲이 울창하여 청신한 흥미를 자아냈다. 석양에 시모노세키[下關]에 도착하여 저녁식사를 먹고 연락선을 타고자 부두로 나가니 경찰의 검문이 있고 세관 관리가 와서 행장을 검사하는데, 기념하기 위해 휴대하였던 영국·프랑스·네덜란드·섬라국 및 기타 각국의 동화·은화를 세관 관리에게 압수당하고 또 여송연呂宋煙 3개도 압수당하였다. 배를 타고 현해탄을 건너니 뱃멀미가 심하여 괴로운 밤을 지냈다.

11월 9일　아침에 부산에 도착하여 상륙하였으나 구경할 시간이 없으므로 곧 차를 타고 서울로 향하는데 좌우 차창으로 내다보니, 내가 7~8년 동안 외국의 도시만 유랑하며 장려한 건물만 두루 구경하다가 지금 초라한 촌집과 좁은 도로를 대하게 되니 심히 불쾌한 느낌이 없지 않았다.

밤에 서울역에 도착하여 인력거의 안내로 개성여관開城旅館에 숙소를 정하고 저녁식사 후에 동성이 옛 친구를 심방코자 나갔다가 얼마 뒤에 친구 몇 사람과 내가 상해에서 동학하던 옛 친구 김필한을 동반하여 내방하였으므로 같이 밤이 깊도록 담소하다가 헤어졌다.

11월 11일 단정의 장인 되는 분을 방문하고 오후에는 우리나라 옷을 사서 갈아입었다.

11월 12일 밤에 김필한 및 옛 친구 몇 사람이 내방하거늘 동반하여 다옥동茶屋洞 요릿집으로 가서 기생을 불러 가야금을 듣고 밤이 깊은 뒤에 헤어져 돌아왔다.

11월 13일 고향으로 돌아가기 위해 자동차를 타고 충주에 도착하여 여관에 투숙하였다.

11월 14일 충주에서 우리 집까지 수회水回가 40리라. 통행하는 차가 없고 휴대한 행장이 여러 개이고 모두 무거우므로 말 한필을 빌려 타고 우리 집으로 와서 어른들을 뵈니 모두 안녕하시었다.

11월 16일 오늘은 즉 아버지의 생신이다. 여러 손님이 많이 와서 축복하고 즐겁게 하니 화목한 분위기가 넘쳤다.

무오(1918년)

정월 1일 (29세) 선조께 설날 다례를 행하고 선산에 성묘하였다.

2월 18일 동성 김덕진이 서울에서 찾아와서 그동안의 회포를 이야기하는데, "경성동지 몇 사람이 만주에 개척사업을 경영하고자 형을 굳이 청하는 고로 내가 일부러 왔으니 동반하여 가기를 바라노라." 하였다. 그러나 내가 종기 때문에 한 달 남짓 괴로워하던 중이므로 완쾌한 뒤에 상경하기로 결정하였다.

2월 21일 동성을 전송하기 위하여 충주까지 갔다.

志山外遊日誌

만주 개척 교섭

1918년 3월 - 1918년 5월

1918년

3월 27일　서울에 도착하여 동성을 방문하였다.

3월 29일　가회동 송창섭宋昌燮 댁으로 옮겼다. 한 달 식비는 20원이었다. 식사 후에 동성이 한상희韓相義·심종협沈鍾協·민중식閔中植·오윤환吳允煥 씨 등과 동반하여 찾아왔다. 만주 개척사업에 관한 의견을 토론하는데, 이 의논의 발단은 지난달 남양에 체류할 때 단정의 의형(친하였던 만주인 관인官人) 종지근鍾志勤이 하얼빈 등지에서 입안하였던 황무지 2700여 일경日耕이 있는데 종 씨가 서신으로 의제 단정에게 촉탁하기를 "아우[賢弟]는 조선인이라, 조선인이 만주에 개척하는 성적이 가장 좋으니, 아우가 나의 계획한 토지를 개척하여 좋은 성과를 얻으면 이익분배는 아우의 처리에 따를 것이며, 이해는 심히 따지지 아니할 터이니 유의하라."는 서신을 동성과 4명이 같이 읽었다.

이 말을 동성에게 듣고 나에게 소개하고 착수하기를 청하였는데, 자본주는 북도인北島人 김기섭金琪涉이라 하였다.

4월 3일　한상희·심종협이 김기섭에게 가서 개척에 대한 정관을 토의해가면서 편성하였다.

4월 5일　동성과 동반하여 종암리鍾岩里 김필한의 초대에 응하였다. 이날이 김필한 모친의 생신이다. 밤이 깊어서야 돌아왔다.

4월 9일　동성과 동반하여 한성은행에 가서 예금 1000원을 찾았다(지난날 남양에서 떠날 때에 먼저 부친 것).

4월 12일　가회동에 가옥 한 채를 샀는데 초가집 9칸이요, 값은 590원이다. 가스난로와 전등과 가구 약간을 샀다.

4월 16일　새로 산 집으로 옮기니 김선진金善鎭이 백미 10두를 보내왔고, 한상희가 솥과 약간의 살림도구를 사 보내고 동지들이 매일 많이 다녀갔다.

4월 20일　천안 진사 김주연金周演 씨가 이우열 씨 소개로 방문하여 만주 궁태보농장宮太堡農場에 투자하고 동업하기를 간곡하게 권하므로 승낙하였다. 이 농장은 이우열 씨 주간으로 김주연·이성용李聖鏞·서석보徐錫補 및 10여 명이 경영하는 것이다.

4월 28일　한상희·심종협이 만주 개척문제로 자본주 김기섭을 초청하여 한강에 선유회船遊會를 설비하고, 이 자리에서 구체적으로 토의한 결과 자본주 김기섭의 요청이 지주 종지근에 대하여 "개척 후의 이익분배에 관하여 조건부 계약증서와 그 외 토지에 관한 증빙서류를 요청한다."라고 하므로 나에게 그에 대하여 책임이행을 요청하였다. 내가 종 씨에게 가서 타협하기로 언명하였다. 마침 이날 밤에 단정의 서신을 받으니, 단정이 한 달 남짓 전에 봉천에 와있었고 조소앙도 같이 거주하였다고 한다.

5월 4일　지주 종지근과 계약차로 봉천으로 출발하였다.

5월 5일　봉천에 도착하여 단정과 소앙을 서로 만났다.

5월 8일　단정과 동반하여 북경으로 출발했는데, 저녁에 산해관山海關에 도착하니 이곳이 만리장성의 동쪽 끝이다. 진시황의 옛적의 웅장한 사업이 후대에 비장한 추억을 갖게 하였다. 만리장성을 넘어가는데 관문의 문루에 금박으로 '천하제일관天下第一關'이라고 크게 쓴 현판이 달려있고, 문안에 있는 차역車驛 좌우에는 찻집과 술집이 번화하였다. 하차하여 저녁을 먹고 다시 승차하고 밤에 진황도秦皇島와 창려역昌黎驛을 지나는데, 밤이 어두워 밖이 보이지 않았다.

5월 9일　새벽에 천진天津에 도착하였으나 하차하여 관광할 수 없고, 당고唐沽를 지나 정오에 정양문正陽門 밖에 도착하니 성의 문루가 숭고하고 장엄하며 문루가 넓어서 1천여 명도 능히 앉을 수 있었다. 성안 건물과 물화가 예상보다 번창하였으나 도로의 흙이 불결하였다. 황진만장黃塵萬丈이라. 상해보다 크게 불결하였다. 단정과 숙소로 같이 들어갔다.

5월 11일　단정과 동반하여 마차를 빌려 타고 종지근을 방문하여 명찰을 통하니, 문지기가 중당中堂으로 인도하여 앉아서 기다렸더니 잠시 후 종 옹翁이 안으로부터 나와 접대가 심히 관대하고 후하였다. 이어 황무지 개척의 일로 의논하는데, 개척이 완성된 뒤에 이익을 분배할 조건이 합의되어 계약을 체결하고, 겸하여 황무지 문서와 도면을 본국과 다른 곳들에 신적信蹟으로 보내고자 잠시 빌려줄 것을 요청하였더니 종 옹이 허락하고 신중히 부탁하기를 "본 뒤에 돌려주기를 바라고 믿는다."고 하므로 나는 진실로 틀림없을 것을 약속하고 돌아와서 본국에 있는 동지 한상희에게 서류를 송달하였다.

서울에서 북경에 이르는 도중에서 느낀 것을 시 한 구절로 읊어보니,

아침에 장안길을 떠나
저녁에 열수가에 닿다
장성은 만리를 이었고
우주는 연기로 자욱하네

5월 13일 박정래를 방문하고 정담을 나누었다. 그와는 몇 년 전 북간도에서 서로 친하였었는데, 그간에 북경으로 와서 거주한다고 하였다.

5월 16일 벽초가 상해로부터 도착하였다. 뜻밖의 일이다. 정담을 나누고 단정의 처소에서 같이 기거하였다.

5월 18일 벽초·단정 및 나 3명이 동반하여 안내자를 대동하고 고황궁故皇宮으로 가서 관람하고 오후에 이화원頤和園으로 가니 운하를 이화원 안으로 끌어들여 연꽃이 만발하였다. 지난날 서태후가 가장 즐겨 놀던 곳이라고 한다. 세월은 흐르고 사물은 바뀌어도 연꽃은 예전대로 되어 있으니 후대에 추억만 자아냈다. 3명이 작은 배 한 척을 타고 술잔을 돌리다가 저물녘에 숙소로 돌아와 저녁밥을 먹고 다시 중앙공원으로 나가 산책하니 녹음이 짙어진 가운데 전등과 달빛이 어울려 비치고 군데군데 결백한 등藤으로 만든 테이블과 의자를 배치하고 여러 사람들이 운집하여 차를 마시면서 서늘한 바람을 쏘이고 있었다. 이를 바라보니 선계에 모인 듯하였다.

5월 20일 벽초와 동반하여 보타암普陀菴으로 가서 단재 신채호 씨를 방문하니, 단재 선생이 이 암자에서 〈조선사초朝鮮史草〉를 편집하는 중이었다.

5월 23일 김규식 박사가 상해로부터 와서 여관에 투숙하고 있다는 말을 듣고 벽초와 같이 방문하여 정담을 나누고 늦게 돌아왔다.

5월 28일 이튿날 아침에 차를 타고 봉천으로 돌아오는데 벽초는 여비부족으로 부득이 같이 떠나지 못하니 머물러 기다리게 하였다.

志山外遊日誌

조소앙 구조

1918년 5월 - 1918년 6월

1918년

5월 29일　오후에 봉천에 도착하여 천화의원天和醫院에 머물렀다. 이 의원은 권희목權熙穆이 경영하는 것인데, 권희목이 일이 있어 귀국하고 정영준이 대리하는 중이다. 이날 밤에 성내에서 총소리가 요란했으나 무슨 일인지 몰랐다.

5월 30일　아침 일찍 나가보니 시가에 계엄하는 경찰관이 늘어서서 내왕하는 행인을 검문하였다. 탐문하니 어젯밤에 중국남방에서 편의대가 성내로 잠입하여 도독부를 습격하다가 수위병과 전투를 벌여 양방에 사상자가 났는데, 편의대 2명이 피살되고 남녀학생과 그 남은 사람은 도주하였다고 한다.

6월 2일　계엄령이 좀 누그러졌으므로 나는 소앙을 방문하고자 동문東門 밖으로 나가 도관道館으로 나가니 소앙이 거주하는 도관문이 밖에서 잠겨 열리지 않았다. 내가 의아스러워 문을 두드리고 있는 가운데 한 도사가 샛문으로 내다보더니 지난날 면식이 있는지라 급히 나와 말하기를, "왕 선생(조소앙이 여기 와서 왕문치王文治로 행세하였다 함)은 오늘 아침에 순경이 데려가고 행장까지 경찰국으로 가져갔는데, 어떠한 사정인지 모르겠다."고 한다. 내가 휴대하였던 능금과 백미 몇 되를 도사에게 주고, "당신은 나를 왕 선생 있는 곳으로 안내하여 달라." 하니 도사는 응낙하고 나를 안내하여 경무국 앞에 도착하니, 한 사람의 경관이 나를 호의로 맞으며 말하기를, "왕문치의 좋은 벗이 왔다."고 하며 걸상에 앉기를 권하고 차를 내면서 환대하였다(이 경찰관은 지난날 소앙 처소에서 서로 만나서 알게 된 구면이다). 내가 말하기를, "왕 선생이 무슨 까닭으로 여기 왔는지 그를 만나게 해 달라."고 하였더니 그의 대답이, "그는 이미 제2경찰국으로 이송되어 여기 있지 않으므로 내가 안내할 것이니 나를 따라오라." 하고 즉시 출발하여 나도 경찰을 따라 제2국으로 가니, 대청 위 의자에 걸터앉은 40세 가량 되는 자가 나에게 묻기를 "왕 씨는 당신의 좋은 친구라 하니 그는 복건사람인가?" 나의 대답이, "아니다. 그는 조선인으로 애국지사이다. 나라가 망한 뒤에 망명해 온 것인데, 장차 중국의 원조를 얻어서 광복을 도모하려 함이다." 하니 경관이 머리를 끄덕이며, "나도 이미 잘 알고 있다." 하고 또 묻기를, "현재 중국당국의 행정에 대한 비판인데, 귀국인은 언론이 반드시 공정할 것이니 귀국 지사의 논평이 어떠하뇨?" 내가 대답하기를, "약간의 동지들이 동서사방으로 방랑생활을 계속하며 자기 자신의 수련에도 여가가 없으니 감히 무슨 비판이 있으리오. 다만 중국의 치안질서가 속히 안정되기만 축복하는 바이며, 중국이 부강하여야 한국에 원조할 여유가 생길 것으로 기대하므로 다른 이론의 여지가 없으니 왕 선생의 면회나 속히 시켜 달라."고 하였다. 경관이 말하기를, "왕 선생은 이미 제1국으로 옮겼는데 내 당신을 믿고 순경 한 사람을 시켜 안내하리라" 하고 순경 한 사람을 시켜 안내하므로 경관을 따라 제1국으로 가니, 청상에 앉은 한 늙은 경찰관의 나에 대한 태도가 제2국과 거의 같았다. 날은 이미 저물어 나의 마음도 심히 조급해져서 면회를 재촉하여 요청하니 경관이 말하기를, "이미 총국으로 보냈으나, 조금 기다리면 순경 한 사람을 시켜 함께 가게 하리라." 잠시 후에 순경이 와서 가기를 청하므로 총국으로 따라가니 북문北門 밖이었다. 경무국 안 광장을 경유하여 사법실司法室에 다다르니 안내하는 순경이 경관에게 고하기를, "왕문치의 동범 정모某를 체포해왔다." 하였다. 내 뜻밖에 이런 모욕을 들으니 분함을 참지 못하여 크게 소리치며 발을 구르면서, "이는 무슨 욕설이냐? 왕은 본시 중국인이 아니고 또 죄과가 없으며 나는 친구를 구하고자 온 것이거늘 동범이라 함은 이 무슨 욕설이며, 또 이웃나라 지사에 대해서 이와 같이 무례한 짓은 당치도 않은 처사이니 속히 죄목을 말하라." 경관이 말하기를, "청컨대 화를 내지 말라. 우리들 경졸이 무지한 탓으로 이렇게 된 것이니, 이것으로써 노여움을 사지 말라. 그러나 조금 조사할 일이 있으니 기다리라." 하고 나를 동쪽 행랑으로 데려가 의자에 앉혀놓고 나가서 문을 밖으로 잠그는지라. 죄수를 감옥에 가두는 형세가 확연하거늘 나는 또 흥분하여 참을 수 없어서 실내에서 대들고 꾸짖었으나 어쩔 수도 없는 형세였다. 이날 밤에 먼저 소앙을 불러 조사하여 묻고 다음 나를 불러 관청 안으로 들어가니 백발의 늙은 경관이 당상에 앉아서 나에 대해 묻기를, "그대가 왕문치의 좋은 친구요, 둘이 모두 조선인임에는 틀림없으나, 왕 씨가 당초에 스스로 복건인福建人이라 하였고, 또 왕 씨의 행장이 지난날 도독부의 반란사건에 비추어 의심스런 점이 없지 않으므로 이와 같이 질문하니, 바라건대 이상하게 생각하여 탄식하지 말라." 말투가 간곡하며 묻고 대답함에 있어 나는 젊은 사람이라 늙은이의 언사가 친절함에 감동하여, 다소 항변할 생각도 있었으나 기분 나쁜 것이 얼음처럼 사라지고 허기를 비로소 느끼게 되어 내가 경관을 향해 웃으면서 말하기를, "내가 온종일 아무것도 먹지 못하고 세 곳 경찰국을 끌려 다니다가 마침내 여기까지 이르렀더니 몹시 시장하여 먹을 것을 사고자 한다." 하였더니 늙은 경관이 역시 웃으면서, "내가 이미 비치했노라. 청컨대 나가면 당신의 좋은 친구와 만나 같이 먹게 되리라" 한다. 순경을 따라 서쪽 복도로 나가니 곧 순경 숙직실 뒷방이라. 순경 몇 사람이 의자에 둘러앉았고 동쪽 따뜻한 자리에 소앙이 앉아 기다리고 있었다. 잠시 후 순경이 국수 두 그릇과 술 한 병을 가져다주거늘, 소앙과 같이 먹으며 종일 겪은 바를 이야기하니 이 역시 환난 중에도 한 흥미 있는 사건이다. 밤이 깊어서야 잠이 들었다.

6월 3일 경찰총국에 남아 있는데 전연 묻는 말도 없고 또한 놓아주지도 않고 또 그대로 유치되었다.

6월 4일 오늘도 역시 묻는 말이 없었다. 순경 테이블 위에 《봉천일보奉天日報》가 있어서 빌려보니 대서특필 되었으니 "도총부 사건 혐의자로 왕문치(조소앙)·정원택 2명이 현재 북문 밖 경찰총국에 수감되어 취조 중인데, 사실이 자못 의심되는 점이 있다." 하고 또 두 명이 모두 조선인계라고 하였다. 나는 신문을 본 뒤 놀랍고 어이가 없어 소앙에게 말하기를, "신문지상에 이렇듯 떠들어댔으니, 일본 영사가 이를 보면 반드시 묵과하지 않으리니, 장차 우리 두 사람에게 불리하게 된다면 어떻게 해야 되겠느냐?" 하니 소앙이 말하기를, "채롱에 든 새라 방법이 없으니 닥쳐오는 형세에 따라 임기응변함이 가하다."고 하였다.

6월 5일 아침식사 후 소앙을 불러들여 전날 묻던 것을 다시 조사하고 여전히 억류하는지라. 오후에 벽초 형제가 경찰총국 광장을 통과하고 관내에 들어와서 사태를 묻고 돌아가는데, 의객儀客을 멀리 보기만 하고 수감된 신세라 만나서 이야기도 못했다. 내가 생각하니, 그간에 벽초의 동생이 봉천에 와서 여비를 북경에 송달하고, 벽초가 봉천에 오니 형제가 서로 만나게 된 것이다.

6월 6일 오후 7시에 순경 여러 명이 마차를 문 앞에 불러놓고 승차를 청하며 석방을 고하므로 승차하니 순경 3명이 앞뒤에 나누어 탔다. 내가 말하기를, "우리가 지금 석방되어 돌아가는데, 당신들의 수고를 끼치지 않아도 되노라." 하니 경찰의 대답이, "방금 황혼이 된지라 도적을 염려하여서입니다." 하나 속셈은 행방을 감시하는 듯하였다. 봉천성내를 통과하여 서문 밖 천화의원문 밖에 도착하니 원내 서쪽 행랑에 술자리가 마련되고 여러 손님이 즐겨 마시던 중에 대리代理 정영준鄭英俊이 우리들의 하차하는 것을 보고 급히 일어나 밖으로 나와서 손을 저으며 낮은 말로, "두 분의 구금사건이 드러나서 일본 영사관에서 정탐 왕상종王尙鍾이 수차 와서 따져 물어서 방금 술자리를 마련하고 왕 씨를 청해서 타협 중이니 청컨대 의실醫室로 잠입하여 잠깐 기다리는 게 좋겠다." 하고 다시 들어가므로 소앙이 그 말대로 의실로 들어가 행장 중에서 눈에 거슬릴 만한 서류를 골라내어 소각하였다. 얼마 지난 뒤에 정영준이 왕상종을 안내해 와서 소개하고 왕은 웃으면서 이야기를 하나 참으로 웃음 가운데 칼이 있었다. 벽초 형제와 송재일宋在日 형제가 뒤를 따라 들어와서 둘러앉아 담소하다가 왕은 돌아가고 여러분이 서로 지난 일을 이야기하다가 밤이 깊어 취침하였다.

6월 7일　아침식사 후 소앙이 청하여 말하기를, "우리가 살던 도관에 가서 약간의 기구와 식량을 처리하고 돌아오겠다." 하고 나가서 시간이 지나도 돌아오지 않는지라. 벽초가 나에게 촉탁하기를 내가 가보는 것이 좋을 것이다 하므로 내가 도관으로 가던 도중에서 소앙을 서로 만나서 늦어진 까닭을 물으니 소앙이 말하기를, "내 마음이 퍽 괴로워서 한시도 이곳에 머무를 수 없으므로 이로부터 곧 서간도로 향하고자 하니 바라건대 이상하게 생각지 말고, 의원으로 돌아가거든 나의 행장 몇 개를 보내기 바란다." 하므로 내가 말하기를, "무엇 때문에 이처럼 조급히 구는가? 우리들이 여기서 며칠만 숨어 있으면 그도 반드시 마음을 놓을 것이니, 그 뒤에 서서히 기회를 보아 다른 곳으로 가면 좌우가 무사할 것이요. 지금 만일 일시 잠적한다면 그는 반드시 죄가 있어 말하지 않고 의도적으로 도망쳤다고 생각하고 더욱 사찰할 것이니, 내가 주변 사람들과 함께 어찌 난처하지 않겠소." 하고 내가 누차 권해도 듣지 않으므로 내 말하기를, "조금 기다리시오." 하고 곧 돌아와 벽초와 함께 가서 간곡하게 권하였으나, 먹은 마음을 돌리려고 하지 않았다. 마침내 서로 작별하고 돌아와서 행장을 보냈다. 이날 저녁에 의원 대리 정영준이 소앙이 저물도록 돌아오지 않는 것을 보고 술이 취한 김에 들어와 앉아서 벽초와 나에게 거친 폭언으로 책망을 하였다.

6월 8일　정탐 왕 씨가 성난 얼굴로 와서 몇 마디 차가운 발언을 하고 돌아갔다.

6월 9일　나의 종씨 정필화鄭弼和가 나와 벽초 · 초엽艸葉(벽초 홍명희의 아우) · 송재일 · 송재석宋在錫 · 이풍구李豊求 등을 중국식당으로 초청하여 오찬을 하고 식사 후 같이 사진을 찍었다.

6월 10일　초엽이 그의 형 벽초에게 본국으로 돌아가기를 간청하니, 벽초는 나의 처지가 더욱 외롭게 됨을 차마 볼 수 없어서 출발하지 못하였다.

6월 11일　내가 벽초에게 귀국을 힘써 권하니, 벽초도 부득이 하여 아우 초엽과 귀국하기로 결정하였다.

6월 12일　벽초가 그의 동생 초엽과 귀국하는데 봉천역에서 전송하고 돌아오니 마음이 매우 고적하여 견디기 어려웠다.

종씨 정필화를 방문하여 나의 처지를 고하고 말하기를, "내가 종씨 집에 의탁코자하니 능히 나의 신변을 보살펴 줄 수 있소?" 하니 정필화가 흔쾌히 승낙하여 말하기를, "종씨는 아무 염려 말고 와 계시오. 왕 씨가 나를 형이라고 부르니 왕의 장난을 내가 능히 방지할 수 있소. 염려 마시오." 그래서 곧 옮겼더니 이날 저녁에 왕 씨가 과연 와서, 정 씨 집 문밖에서 들어오지는 않고 주인을 불러내더니 문 밖에서 속삭이는 말로 서로 힐난하는 것을 가만히 들으니 모두 나에 대한 불온한 언사였다. 주인은 극력으로 변명하여 이날 저녁을 별일 없이 지냈다.

6월 14일 왕 씨가 또 불온한 말투로 대드는지라, 주인의 주선으로 내가 술과 안주를 마련하고 왕 씨를 초청하여 그의 마음을 풀게 하였다.

6월 15일 아침식사 후 천화의원 소사小使가 와서 고하기를, "한 여자가 본국으로부터 와서 지금 의원 내에서 나를 만나려 한다." 하므로 가서 보니 최형록崔亨祿 여사였다. 예전부터 소앙을 좇아 놀더니 어제 여기 와서 소앙의 거처를 탐지코자 나를 방문함이었다. 역시 지체하면 왕 씨의 주목거리가 되므로 근심이 가득하였다.

6월 16일 이른 아침에 급속히 마차를 구하여 최형록 여사를 서간도로 주선해 보냈다.

志山外遊日誌

학주 정안립

1918년 7월 - 1918년 7월

1918년

7월 2일　관제觀濟 김주연 씨가 궁태보농장에서 나를 찾아와 농장의 정황을 이야기하고 길림의 정안립 댁으로 가기로 약속하였다.

7월 6일　관제와 동반하여 길림에 거주하는 학주 정안립 선생을 방문코자 저녁식사 후 행장을 정리하고 출발하는데 봉천역에 이르러 차를 기다리고 있으니 전등 밑에 40세 가량 되는 양장신사가 부인과 동반하여 유아를 안고 역시 서성거리는데, 관제가 그 앞으로 가서 인사를 하며 말하기를, "선생은 어디로부터 오셨습니까?" 손님의 대답이 "나는 일본으로부터 돌아옵니다." 하고 손님이 반문하기를, "선생은 어디로 가시오?" 하니 관제의 답이, "길림에 나의 고모부 되는 정안립 씨를 방문코자 합니다." 손님이 또 말하기를, "정안립 선생은 지금 길림에 있지 않고 10여 일 전에 나와 동반하여 일본으로 건너갔다가 나는 먼저 떠나서 돌아오고, 정 선생은 수일 후에 길림으로 돌아옵니다." 한다. 내가 들으니 학주 정안립 선생이 일본으로 건너간 것은 진실로 뜻밖이며 이상하게 여겼다. 그 동기와 단서를 추측할 수 없으므로 좀 있다가 관제가 나 있는 쪽으로 오매 나는 묻기를, "그 손님이 누구이냐?"고 하니 관제의 대답이, "그는 고종황제의 후궁인 장상궁의 친아우 장우근張宇根인데 현재 개원開原에 거주하여 일본인 학교의 교장이요, 겸해서 만주 고등밀정密偵 계통의 인물이다." 한다. 내 들으니 더욱 의심스럽고 괴상하였다. 참으로 세상사를 헤아리기 어려웠다. 의심이 가득한 가운데 차가 도착하여 길림으로 향했다.

7월 7일 아침 길림에 도착하여 학주 정안립 댁을 방문하니 과연 학주가 계시지 않은지라. 그 부인에게 물으니 일본으로 출발한 지 10여 일이라 하므로 무슨 일로 일본에 가셨느냐고 물으니 모른다고 하였다.

이 주택은 길림시가의 남단이며 송화강가에 임하여 경치가 아름다웠다. 점심을 먹은 뒤에 관제와 동반하여 나가 구경하는데 때에 러시아국 기선 한척이 송화강을 소급하여 정박 중이었다. 강변을 따라 북산에 올라 전경을 바라보니 봉우리가 수려하고 강가의 명려함이 평양을 방불케 하였다.

7월 9일 오전 9시에 학주 선생이 일본에서 본국으로 돌아오거늘 인사한 뒤에 피차간 여러 해 쌓였던 회포를 진술한 다음 묻기를, "형님께서 일본으로 가셨다는 것은 참으로 뜻밖이라 그 동기와 단서를 헤아릴 수 없습니다." 하니 학주는 웃으면서 말하기를, "인간만사의 황당하고 헤아릴 수 없음이 이와 같으니 바야흐로 사람은 청하여 상의해야겠다."라고만 하고 말이 없었다. 오후에 학주가 관제에게 명함을 주어 중국인 모모某某에게 보내고 곧 가방을 들고 곁방으로 들어가며 나를 청하거늘 따라가니 가방에서 편지를 꺼내 놓고 말하기를, "이 기회에 마침 현명한 아우가 왔으니 실로 하늘이 주신 좋은 기회로다. 말하자면 국치 후에 다수의 동지가 외국에 망명하여 포부를 발전하지 못 함은 모두 경제가 불허함이 아닌가. 이제 풍부한 경제력과 병력까지 도득할 기회를 얻었으니 이제 아우가 마침 와 하늘이 주신 좋은 기회라. 아우는 주저 말고 같이 노력하기로 바라노니 허락하라." 내가 말하기를, "친족 동생의 미천하고 좁은 식견으로 대사업을 기도하는 것도 망상이려니와 일 전체의 내용에 대해서도 알지 못하니 어찌 맹목적으로 따르겠습니까? 또 맹종자는 일을 성공시키기 어렵습니다. 첫째 성의가 생기지 아니합니다." 하자 "군은 일본에 관련된 것을 의심하나 이번 내가 일본에 갔던 시말을 상세히 서술할 터이니 조용히 들어라. 이번에 유럽 대전이 종식되고 미국 윌슨 대통령이 민족자결과 평화회의를 준비하니 일본 당국자들은 해외에 산재한 조선의 지사들을 가장 우려하고 관심을 갖고 있는 중인데, 그 중에도 만주를 더욱 위험스럽게 생각하여 다년간 만주에 주류시켰던 장우근을 일본으로 소환하고 만주에 산재한 조선인 지사의 경과한 행동과 생활 상태를 조사하니 장의 말이, "그들의 행동은 위험하나 경제는 모두 궁핍하여 자기의 힘으로 살아가기 불가능하다고 추측하니 경제력만 풍부하게 이용한다면 귀순시킬 가능성이 있다."고 하니 "그러면 군이 만주에 돌아가 그 방법을 설계 노력하여 효과를 거둘 자신이 있으면 경제접응은 풍부하게 하리라." 하매 우근이 좋아라고 돌아와 착수하려 하니 방법이 없는지라. 그의 친구 정응설鄭應卨을 초청하여 상의하니 정이 말하기를, "내 젊었을 때 정안립과 같이 외국어학교에 동학하여 정과 자못 친밀하였는데, 그 뒤 사상의 방향이 서로 달라 상종치 않은 지 이미 10여 년이라. 정안립 역시 재만 조선지사 중에 손꼽는 자이니 우리들이 그의 주소를 탐지하여 우선 그를 찾아 착수하면 차츰 노선이 개통될 것인즉, 계획을 진전시킬 수 있다." 하며 즉시 출발하여 길림에 찾아온 것이다. 학주는 여기까지 이야기를 하고 홀연히 눈을 감고 한참 있었다가 다시 말하기를, "이상에서 말한 것은 내가 들은 바와 내가 헤아린 바나, 이제부터는 모두 내가 몸소 설계한 바이다." 하고 이야기를 계속하여, "수십일 전에 아침식사 후 중국인 친구를 방문하고자 옷을 입고 나섰더니 심부름하는 아이가 밖에서 명함 2개를 가지고 들어와서 말하기를, "문밖에 손님 두 분이 왔다."고 하여 명함을 받아 보니 정·장 두 사람이다. 장은 모르는 사람이요, 정은 동학 같은데 여러모로 의아해하는 중 두 사람이 이미 눈앞에 나타나 모자를 벗고 말하기를, "오래 만나지는 못하였으나 그대가 능히 옛 친구의 얼굴을 몰라보겠소." 한다. 내 뜻밖에 당황한 데다 놀라고 가증스러워서 나도 모르게 얼굴빛이 변했는데 마음에 한 꾀가 생겨, "오랜만이라 생각이 떠오르지 않더니 이제 알겠으나 참으로 뜻밖이오." 했더니 정이 즉시 장모 씨를 소개하여 인사를 나누자 정이 말하기를, "우리가 선생이 먼 땅에 이주하시어 풍상을 겪는다는 소식을 듣고, 특별히 와서 위로하고자 함이라." 하고 말을 이어 "우리들의 소행을 감출 수 없으니 선생이 이미 들어서 알고 계시리라. 그러나 어찌 회개하여 머리를 돌릴 날이 없으리오. 요즘 구주전란이 종식해 가매 일본 당국자의 정치태도가 크게 변하여 외지로 도피한 조선지사를 만나 그들의 품은 포부를 듣고 포섭할 필요가 있다고 생각하고, 우리에게 그 소개와 연락할 책임을 져 달라 하여 선생을 찾아 왔으니 이 역시 좋은 기회라. 영웅이 그 본래의 뜻을 전개할 단계에 당면하였으니, 선생의 고견은 어떠한가? 받아들이기를 간절히 바란다." 하기에 나는 앞잡이를 대면하여 많은 말을 하기를 꺼렸으나 역시 한 기회라 생각하고 즉시 말하기를, "그대들의 몇 마디 말로써 나는 이미 짐작하는 바 있노라. 그러면 내 몸소 일본으로 건너가 당국자들과 상대하여 품은 마음을 한 번 토로한 연후에 방향을 정할 것이다. 만일 내가 일본에 건너간다면 두 가지 조건이 있으니, 첫째는 일본으로 건너가서 회담할 때에 느낀 바를 구애 없이 모두 표현함을 용인할 것이요, 둘째는 변론 후에 언사의 저촉과 배치되는 점은 물론 나의 신상에 조금도 구속과 장애 없이 본 거주처에 자유귀환토록 약속 승낙을 할 수 있다면 한번 일본으로 건너가서 토의코자 하노라. 이밖에는 별 의논이 없으니 그대들은 스스로 헤아려보라." 하였더니 정·장 2명이 즉시 일어나 감사하며 대련으로 떠나기 위해서 말한 2개 조건과 토론한 경과를 일본으로 장거리 전보를 보내니 두 사람이 바라는 대로 만족한 회답을 얻은지라. 다음날 길림으로 바로 와서 나에게 여비를 주면서 출발을 요청하였으므로 내 마음이 불쾌하여 이를 물리치고 말하기를, "여비는 내 마땅히 스스로 변통할 것이니 몇 날만 기다리라." 하였다. 여기에는 또 다른 이야기가 있는데 즉 지난날 중국 정부에서 일본·대만·정금正金 등 세 은행에게 만주의 산림과 황무지를 저당하고 6천만 원을 차관한 사실이 있어서 만주인사의 여론이 비등하며 만주는 중앙에서 이탈하느니 독립을 하느니 하며 인심이 흉흉한지라. 내 이것을 좋은 기회라 생각하고 이로 인해서 중국 친구 몇 사람을 방문하고 말하기를, "내가 이번에 일본으로 건너가서 일본의 당국자들과 상대하여 논의할 기회가 마련되었으니 그대들 중에서 같이 도일하면 만주저당차관사건滿洲抵當借款事件에 대하여 일본 당국자에게 직접 질문하고 판단할 기회를 얻을 것이니, 나와 동반 도일함이 어떠한가?" 하였더니 중국인 친구 두 사람이 동반을 원하며 나의 여비를 대신 부담하기로 하였다. 장, 정 두 명을 안내자로 삼고 중국인 친구 2명과 총 5명이 출발, 일본으로 넘어가서 하루를 묵고 제3일에 장 씨의 연락소개로 소위 당국의 초대를 받고 장 씨를 따라가니 정부 측은 하라 다카시[原敬] 이하 수명이요, 낭인 측은 두산만頭山滿 외 수명이 둘러앉아서 장 씨의 통역으로 나에게 묻기를, "공이 조선지사로 다년간 북방황야에 고행하니 소득이 적지 않을 것으로 알겠소." 하매 내가 말하기를, "나는 본래 조선인이나 도중즉시로 중국에 입적하여 근 10년이 되니 즉 중국인이라. 그러나 조선이 모국이요 출생지라, 모국을 위해 노력을 마지아니하노라. 이번에 여기 온 본뜻도 역시 조선재건을 위하여 도모함이라. 중국은 면적이 광대하고 만주를 제외할지라도 아시아에서 엄연히 제1대국이요. 또 만주는 원래 조선의 옛 영토이며 현재 조선 이주민이 백만에 달하고 중만합동주민이 500만이라 하나, 모든 정도가 조선인에 미치지 못한지라 바로 지금이 좋은 시기라 생각되며 동시에 귀국과 조선인에 대한 관계와 책임을 해결할 계획이 있으니 수일 전에 중국 정부가 귀국 세 개 은행에 만주의 삼림과 황지를 저당, 차관하였다 하여 만주인사가 큰 불평을 품고 여론이 비등하여 만주는 중앙정권을 이탈하고 독립 한다 절규하며 혼란 상태에 있으니, 이 기회를 타서 풍부한 경제력만 조선인에게 있으면 조선인으로 능히 선동합작하여 만주의 독립을 모의하여 성공할 수 있을 것이오. 만일 이탈독립만한다면 조선인이 주권을 장악할 수 있을 것이오. 또 만일 만주인의 항쟁으로 여의치 못할 경우에는 귀국에서 수만의 병력만 원조하여 준다면 목적달성에 틀림이 없을 것이니, 바라는 바에 도달한 후에는 만주 면적이 조선의 4배 이상이라. 이는 조선인으로 하여금 만주 옛 영토에 신조선을 재건케 함이라. 연후에는 반도조선은 귀국처분에 일임할지니, 즉 서로의 편의라. 이것이 곧 나의 구구한 포부이다. 이를 통달코자 내 지금 여기 왔으니 판단하여 결정하길 원하노라." 하니 좌중이 아무 말 없이 서로 얼굴만 물끄러미 바라보며 생각하는 것 같기도 하고 비웃는 것 같기도 하더니 천천히 답하기를, "일이 중대하니만큼 며칠만 기다리면 회답하리라." 하기에 즉시 나와서 여관에 돌아와 기다리니, 다음날 다시 청하여서 장 씨와 함께 또 가니 나에게 말하기를, "공의 세를 살펴 세운 계획은 우리들에게 어려운 것이라. 경솔하게 결론지을 수 없으니 공이 길림에 먼저 돌아가 동지를 규합 설계하면 공의 진술한 바를 깊이 검토한 후에 장 군을 통하여 전달하리니 조심히 노력해주길 갈망하노라." 한다.

"이것이 나의 도일 전말보고이며 바라건대 아우는 이 형의 외로운 입장을 도우라." 내 듣기에 황당함을 견디기 어려웠으나 천천히 대답하기를, "형님의 말씀을 들으니 개구리가 바다에 나간 감이 없지 않으며 일본을 상대로 농간을 부려 일본이 경제·병력 양대 원조를 성의로 실천할는지 의문이거니와 만주에 대한 획책도 실현이 극히 어려울 듯하오니 앞으로 닥쳐오는 형세가 어떻게 될 지를 관찰하여 움직이는 것이 좋을까 하나이다." 하고 양쪽이 불만의 기색으로 그만 침묵하였다.

7월 11일　아침식사 후 여관으로부터 소사가 와서 학주에게 명함을 드리니 학주가 받아보고, "내가 병이 있어 갈 수가 없으니 왕림하시라." 돌려보내고 나를 보며 장·정 2명이 또 왔다 하기에 나는 장·정 두 사람이 올 것이라 믿고 피하기 위해 나가려 하니 학주가 나를 굳이 만류하는 중에 2명이 도착하매 학주는 2명을 영접하며 인사 후에 즉시 나를 2명에게 소개하는지라 부득이 인사말을 하였으나 담화 중에 나는 곧 외출하여 송화강 언덕에 소풍갔다가 늦게 돌아오니, 학주와 2명이 모두 부재하더라. 밤이 깊어진 후에 학주가 돌아와서 한마디 말도 않고 크게 불만족한 듯 곧 침대에 누워버리더라.

7월 12일　해가 저물었을 무렵에야 학주가 비로소 일어나 앉아 탄식하기를, "피배교린皮背巧吝이 이와 같으니 내 또한 기만을 당했도다. 어제 장 씨가 전하기를, 소위 경제원조는 원화를 봉천 정금은행에 맡기고 나의 사업추진의 정도와 성적의 결과의 감찰을 장 씨에게 위임하여 적당한 시기에 수시로 지불하라 한다며 2명은 일본의 위촉을 받고 권위를 잡은 듯이 날뛰려 하니 우리 일은 실패했도다." 하고 또 이불을 쓰고 눕더라.

7월 13일　동문으로 나가 문묘에 가서 보니 이때에 묘내 정원의 제초를 하는지라 대소문을 활짝 열었더라. 동서로 크게 써놨으니 덕배천지德配天地요 도관고금道貫古今이라 하였고, 문 안에 들어가 두루 보니 정전은 문선왕이요 전 뒤에 숙양흘叔梁紇 위패가 있고, 동서로 사성위四聖位를 비롯하여 그 다음으로 72현과 역대 명현 위패가 열 지어 있어

명 왕양명에까지 이르고 있었다.

7월 14일　관제 김주연과 같이 차를 타고 장춘에 이르러 여관에 들었다.

7월 15일　봉천에 도착하여 봉산여관鳳山旅館에 머물렀다.

志山外遊日誌

농장관리

1918년 7월 - 1918년 12월

1918년

7월 18일　단정의 서신을 접견하니, 지난번 중국인 종지근에게서 빌려서 경성으로 보낸 황지입안 및 도면을 본 주인이 반환을 독촉하니 추심반환하라 하는지라 그 도면을 찾으러 경성에의 출발을 내정하였다.

7월 20일　아침에 봉천역에서 승차하고 경성으로 출발하였다. 경성에 도착하여 예전에 사두었던 가회동 집에 가보니 동성 김덕진의 동생 김만진이 살고 있었다.

오후에 한상희·심종협을 방문하고 지난번 황지개척사업에 관해 기억을 거슬러 물어본 즉, 앞서 자본주라는 김기섭은 북도 자기고향으로 가버려 말이 없고 황지도면은 또 타방면에 교섭 중인데 대성학교 교장 최재학崔在學이 가지고 이윤용李允用에게 교섭하고 있다더라.

7월 23일　황지의 도면을 찾아 북경 단정에게 부쳤다.

7월 25일　봉천으로 출발하는데 한상희·심종협이 경성역으로 전송나와 부탁하기를 지난번 황지개척사업을 최재학이 이윤용에게 교섭하여 조직이 성숙되는 듯하니 만일 최가 이에게 쾌히 허락을 얻어 봉천에 가면 형을 반드시 찾으리니 형이 잘 조정하라 하다.

7월 26일　봉천에 도착하여 봉산여관에 들다.

8월 12일 관제 김주연과 농장의 동업인 5~6명이 봉천으로 와서 작농경과를 진술하고 방금 추수기라 함께 가서 보자고 요청하였다.

8월 15일 관제 및 농장 여러 사람과 소하연小河沿으로 가서 중추가회仲秋佳會를 즐기고 늦게 돌아왔다.

8월 16일 여러분들과 농장에 함께 나가 보니 농지면적이 2,500일경日耕인데 얕고 너무 넓어서 작농구역을 5부락으로 나누어 중앙부락은 중앙사무처를 마련하고, 이우열·김주연·이승종李承鍾·오진홍 등이 머무르면서 감독하고 있다.

8월 20일 추수를 지도하고 감시하기 위하여 각 부락을 나누어서 업무를 보는데, 나는 난지황에 머무르고 서석보는 우지광에 머물렀다.

9월 10일 볼일이 있어서 봉천에 오니 시가에 일본 병사가 가득한지라 무슨 일인가 알아보니 러시아가 혁명으로 내란이 평정되지 않아 일본 병사도 연합군으로 출병한다고 하더라.

9월 15일 농장으로 돌아왔다. 이날 저녁에 서석보·이재기李載基와 출병에 대한 시 한 구절을 읊었다.

융마의 울음 떨치는 가을의 만리바람

옛 근심 거듭 쌓인 이 강산일세
올개미는 빈틈없이 짜여졌는데
바다는 도도하여 한 빛으로 흐르네

10월 3일　추수한 벼 300석을 30마차에 나누어 실어서 봉천으로 보냈다. 이우열 씨는 보낸 벼를 처리하기 위하여 봉천으로 갔다.

10월 28일　추수를 마치고 총계하니 자본주 측 총 수확이 1308석이라.

10월 30일　마차 백여 대를 빌려, 거둔 벼를 모두 실어 봉천으로 보내고 동업하는 이들과 일동이 뒤를 따라 봉천으로 가서 봉산여관에 들다.

11월 4일　추수도 마쳤으니 성인호를 상봉하고자 서간도 성인호에게 서신을 부쳤다.

11월 10일　조소앙의 서신을 받으니 서간도에서 부쳤더라.

11월 18일　성인호의 서신을 받으니 내용인즉 그의 종형이 귀국하려 하므로 전송 겸해서 봉천으로 나올 것이니 봉천에서 서로 만나자 하였더라.

11월 20일　최재학이 경성으로부터 와서 나를 방문하는지라 지난날 들은 바가 있는지라 개척사업에 대하여 물으니 금번은 형편시찰이요 착수는 추후라 하였다.

11월 23일　최재학과 동반하여 마차를 타고 관광코자 북릉으로 향하였다. 북릉은 청태조릉이니 봉천시에서 북으로 약 10리이다. 능이 있는 곳에 이르니 석양이 비치는 가운데 노송 수십 그루가 울창한 사이로 황폐 숭고한 낭묘廊廟에 남아있는 단청이 석양에 반사되어 소나무 그늘 아래 비치니, 고대 제왕의 웅위한 기상이 먼지에 매몰되었음을 후인에게 보여주어 예로부터 인간만사의 찰나의 한탄스러운 상황을 표현하는지라. 하차하여 수호인의 안내로 담 안으로 들어가니 언덕과 같은 분묘 머리를 백회白灰로 칠하였고, 둘레는 벽석壁石으로 성과 같이 담을 쌓았으며 성 위는 관람객이 걸어서 관찰할 만한 도로와 같으니 웅장함은 남경의 명태조의 능에는 미치지 못하나, 정결함은 뛰어났다. 해질 무렵에 돌아오면서 시 한 구절을 읊었다.

서생은 한 번 가고 배는 돌아오지 않는데
천고제왕의 한은 거두지를 못하네
낙조 속의 허물어진 묘당. 드문 종소리
창연한 고색은 사람을 수심에 잠기게 하네

11월 29일　소앙의 서신을 접하니 서간도로부터 길림으로 이주하여 길림에서 서신을 부쳤는데, 통신주소는 우편상郵便箱 번호로 하였다.

11월 30일 선산善山에서 이주해 온 모든 동지와 개성의 우응규禹應奎와 더불어 주금株金을 모집하여 동래상회東來商會를 조직하니, 주금은 1주에 50원이요, 총계가 600주라. 회장은 김사묵金思默이요, 총무는 우응규요, 각부를 선임하고 나는 고문으로 참여하고 5주를 투자하였다.

12월 4일 농장에서 함께 고생하던 10여 명과 회동하여 성내 조선인 술집에 가서 기녀 10여 명과 춤, 노래, 음악으로 밤을 지새우며 갑갑한 마음을 풀었다.

志山外遊日誌

독립의군부 조직

1918년 12월 - 1919년 2월

1918년

12월 20일　상해 예관 선생으로부터 한통의 서류가 와서 보니 비밀 서류라. 소장하고 공원 그윽한 곳으로 가서 자세히 보니 내용이 "방금 구주전란이 종식되고 미 대통령 윌슨이 민족자결을 제창하며 파리에 평화회를 개최하니 약소민족의 궐기할 시기라. 상해에 주류하는 동지들이 미주의 동지와 국내 유지를 연락하여 독립운동을 적극 추진하며 일면으로 파리에 특사를 발송 중인데 서간西間과 북간北間에 기밀을 연락치 못하였으니 군이 길림에 빨리 가서 남파南坡와 상의하여 서북간에 동지를 연락하고, 각 방면으로 주선하여 때를 기다려 그때그때에 맞게 대응하기를 갈망하노니 만일 길림에 가지 못할 경우이면 적당한 인사를 택하여 대행하던지 그도 못하는 때엔 이 서류를 소각하고 사정을 회답하라." 하였더라. 읽고 나니 얼싸 좋아라 하고 마음 가운데 기쁨이 복받쳐 하루를 참기 어려우나, 주머니가 텅 비고 사태는 함부로 남에게 말하기 어려워 소자금으로 농장에 투자하였던 내 배당액은 봄과 여름 사이에 길림·북경의 왕복여비로 빚진 데다 갚고, 잔여가 겨우 100원에 불과하였으므로 이튿날 조용히 관제 김주연 씨를 청하여 길림으로 향하고자 하는 사유를 대략 언급하고 사정을 통하니 현금 300원을 당장 지불하여주더라.

12월 22일　길림으로 출발하여 도착하고 송재일을 찾아가 숙박하였다.

몇 개월 전에 송재일이 병원 경영차 의사 김영세金英世와 길림으로 이주하여 수차 통신이 있는 고로 즉시 방문한 것이다.

12월 23일 탐문하니 박남파가 중국 객잔에 주류한 고로 곧 방문하고, 휴대한 서류를 보여주며 미주·상해 및 국내유지의 비밀활동을 언급하고 서북간도 간에 연락방법을 토의하였다. 이날 저녁 객잔에 이주하여 남파와 함께 머물다.

12월 24일 우편국으로 가서 소앙의 통신주소라고 적어 보내왔던 우편함를 조사하여 보니 과연 있는지라 즉시 엽서 1매를 사서 내일 정오에 우편국에서 상봉하자는 의의로 기록하여 투입하고 학주 댁을 방문하였으나 길림으로 온 사정은 말하지 않았다.

12월 25일 정오에 우편국으로 가서 소앙을 기다렸으나 정오가 지나도 사방에 그림자도 없더니 한 중국옷을 입은 소년이 앞으로 와 모자를 벗고 말하기를, "鄭先生來已早了." 놀라서 살펴보니 다른 사람이 아니고 최형록 여사였다. 중국 남자 복장을 하고 있으므로 금방 분별키 어려웠던 것이다. 최가 말하기를, "소앙 선생이 나로 하여금 선생을 접응하게 하신 고로 급속히 와서 맞이하려 하였는데 길을 잘못 들어 지체되어 대단히 미안합니다." 마침내 최를 따라 소앙 사는 곳을 방문하니 동문 밖 외딴 곳이요 역시 도관 내 빈 집이라. 마당과 집이 정숙하고 인적이 드문 곳이었다. 최형록 여사가 인삼차를 가져오니 맛이 대단히 달고 향기로웠다. 소앙과 저간에 피차 지낸 전말을 서로 이야기하고 현재 상해에서 파리에 특사를 파견하고 미주와 국내에 비밀연락을 취하여 행동을 기다리고 있음을 진술하고 지금 예관 선생의 통신지시로 여러 서류를 휴대하고 만주 동지를 규합하고 러시아령에 기밀을 상응코자하노니 남파와 소앙이 할 중책이라 하루속히 활동하기를 재촉하여 청하니 소앙이 말하기를, "내 서간도로부터 여기 올 때에 결의한 바 있으니 다음부터는 도관에 잠적하여 세상일에 간섭하지 않으며 사람과 논쟁하지 않고 다만 스스로 닦기를 결심하였으니 나는 내버려두어 달라. 내가 길림에 온지 수개월이 되어도 알고 모르고 간에 동지 1명도 찾아 방문해 본 일이 없으니 스스로 부끄럽기도 하나 널리 용서해 주기 바라노라." 내가 말하기를, "내나 선생이나 그 밖의 여러 동지들이 국치 후에 부모와 처자를 버리고 만리절역에 바람을 맞으며 밥을 먹고 밖에서 자며 힘들고 어려운 고생을 달게 받고 있음은 모두 뜻이 있으면 마침내 이루어진다는 말에 따라 시기를 기대함이라. 이제 서방의 전우戰雨가 처음 개이고 파리에서 평화가 열리게 되어 약소민족이 자결을 소리 높여 외치니, 일은 비록 미비하나 때는 왔음이라, 일의 성공과 실패는 계산할 수 없고 한 번 궐기하여 크게 호소할 기회라. 옛말에 시간과 기회는 지나가면 다시는 오지 않는다고 하니 이 기회를 놓치고 어느 때를 기다리리까. 잠적수도潛跡修道는 늙어서도 늦지 않다." 하고 소매로 잡아끄니 소앙이 부득이 나와 동반하여 여관에 도착하여 나의 소개로 남파와 초면 인사하고 또 동반하여 북문 밖 시당時堂 여준呂準 선생 댁에 이르러 서로 인사 후에 진행방침을 토의하고 늦게야 각자 돌아갔다.

12월 27일　소앙·남파 및 나 몇 사람이 시당 여 선생 댁에 모여서 진행할 일을 토의하고 길림 사정을 받아 상해에 보고하였다.

12월 29일 (양력 2월 2일)　저녁에 학주가 망년회를 베풀고 초청하는지라 남파와 동반하여 참석하니 손님이 10여 명인데 태반이 처음 보는 사람이라. 이때에 내가 생각하니 지난날 경성에서 출발할 때에 김필한이 부탁하되 자기 숙부 김좌진金佐鎭이 국변 후에 북쪽으로 가서 망명하여 길림에 있다 하나 편지나 소식이 두절되었으니 형이 그곳에 가서는 탐문하기를 바라노라 하였으므로 내가 생각하건대 이 좌석에는 반드시 그가 있는 것 같았다. 주인 학주 선생이 일일이 소개하여 각 통성명 하나 김좌진 그 사람은 없고 인사 중에 자칭 홍종순洪鍾淳이라고 하는 사람의 용모며 체격이 예전에 김필한이 말한 바와 흡사하므로 때때로 주목하였으나 실례될까 발언하지 못하고 술잔이 나에게 돌려질 때에 잔을 들면서 소리 질러 말하기를, "경성으로부터 올 때에 친구 김필한이 자기 숙부 김좌진이 길림에 있으니 형이 길림에 가거든 탐문하기를 바란다 하였는데, 이 좌석이 그 사람이 없으니 이상하다." 하고 홍을 주목하니 홍이 웃음을 참지 못하는지라 내 말하기를, "나의 판단이 틀림없다. 홍종순이 즉 김좌진이 아닌가?" 하니 좌석이 크게 웃는지라. 내 술잔을 들어서 김좌진에게 건네면서 윗사람을 기만하니 벌이 없을 수 없다 하니 김좌진이 곧 마시고 즉각 잔을 주어 말하기를, "어디서 온 돌객突客이 감히 이 자리의 비밀을 깨뜨리니 또한 벌이 없을 수 없다." 내가 잔을 받으면서, "감히 비밀을 깨는 것을 달게 벌을 받거니와 어디서 온 돌객이라 함은 어투가 심히 불경이라." 하고 이날 저녁은 이로써 정적을 깨고 즐겨 마신 뒤에 헤어졌다.

기미(1919년)

정월 1일 (양력 2월 3일, 30세)　떠돌아다니며 설을 쇨 때마다 비참한 심경은 금할 수 없는지라. 해가 높이 뜬 뒤에 학주 댁에 세배하고 오후에는 소앙을 방문하니 최형록 여사가 다과를 내놓았다.

정월 3일　학주 댁으로 가니 김약수金若水(일명 두희斗熙)가 지난겨울에 국내를 출발하여 청도를 거쳐서 섣달그믐께 여기 도착하여 현재 여관에 투숙 중이라 한다. 학주의 소개로 서로 인사를 나누었다.

정월 6일　송재일이 돈 600원을 공용금으로 찬조하였다.

정월 19일　성낙신成樂信·김문삼金文三 2명이 서간도로부터 길림에 도착하여 여관에서 머물고 저녁에 찾아와서 통성명 인사할 때 나의 이름을 듣고 경탄하여 말하기를, "형이 몇 해 전에 훈춘에서 욕을 당한 정모 아닌가?" 한다. 내 말하기를, "내 몇 년 전에 참으로 그런 사실이 있었거니와 두 분이 어찌 이 사실을 아는가?" 성·김 두 명이 함께 말하기를, "그 당시 우리 두 사람이 의논할 일이 있어 간도로 가서 은계隱溪 댁에 머무르고 있었는데, 마침 형이 훈춘에서 무리한 욕을 당한다 하므로 우리들은 분한 마음을 참지 못하여 오병묵·황병길 두 사람을 처치하고 형을 구출하리라고 출발하여 백초구百草溝의 현천묵 선생 댁에 도착하여 들으니 형이 그간 돌아와 다시 영고탑寧古塔으로 향하였다고 하므로 우리들이 발길을 돌이켰는데, 뜻밖에 오늘 여기서 상봉하게 되었소이다." 하는 지라 가희 기이한 인연이도다.

내 말하기를, "공이 오늘 저녁 말하지 않았다면 그 일은 전연 알지 못하는 일이다. 나 때문에 그러한 고생을 하셨다 하니 감사하고 또 부끄럽기 한이 없소." 하였다. 이로써 이 2명이 나에게 비상히 친절하여졌다.

정월 23일 송만宋萬 · 임방任榜이 서간도에서 도착하니 대개 풍문을 듣고 온 것이다.

정월 24일 북문 밖 여시당 댁에 모여서 독립운동 추진방법을 토의하는데, 소집된 조원은 박남파 · 조소앙 · 황상규黃尙奎 · 김좌진 · 박관해朴觀海 · 정운해鄭雲海 · 송재일 · 손일민孫一民 · 성락신成樂信 · 김동평金東平 · 여시당 그리고 나인데 김약수는 참가하지 않으니 좌중에 불평이 있었다.

정월 25일 저녁식사 후 박남파와 한담을 하고 있는 무렵에 정원丁園(김좌진)이 와서 "내일 새벽에 김약수가 봉천으로 떠난다."고 말하고 계속하여 "우리들이 오늘 유사시임에도 소위 유지 중 자금이 있는 자는 기회를 보고 잠적만 꾀하고 출력원조出力援助에는 조금도 마음을 움직이지 아니하니 가증스럽고 탄식할 일이다. 김 군이 고별차 나(김좌진)를 찾아왔기에 내 만류하여 나의 처소에 있게 하고 그가 모르게 와서 지금 알리는 것이니 두 형은 무슨 방법을 생각해보라." 남파가 말하기를, "그가 가는 것은 스스로 가는 것인데 누가 능히 못 가게 할 수 있으리요." 내가 말하기를, "그렇지 않다. 모든 것이 자금이 없으면 성사를 할 수 없는데, 우리들이 지금 얻기 어려운 좋은 기회를 맡고 있는데, 약간의 동지가 여기 모여서 각각 성의를 다하고자 하나 실력이 없으므로 모두 김 군의 제공만 마른하늘에 비 기다리듯 기다리고 있는데 그가 만일 돌아보지 않고 도망가 숨어버린다면 모두 낙심이요 다시 무슨 방법이 없을 것이니, 소홀히 생각할 일이 아니라 잠깐 나를 따라오라." 하고 즉석에서 일어나 성·김 두 사람을 찾으니 2명이 방금 옷을 벗고 자려고 누우려다가 내가 오는 것을 보고 놀라며 묻기를, "무슨 일로 이처럼 밤에 오는가요?" 내 말하기를, "김 군이 내일 새벽에 아무것도 돌아보지 않고 도피해간다." 하니 그가 말하기를, "누가 그런 사실을 전하더냐?" "정원이 이 일 때문에 일부러 와서 급보를 한 것이요." 하니 둘이 즉석에서 옷을 입고 나를 따라 나오면서 말하기를, "우리 두 명이 맹세코 그가 마음대로 도피하지 못하도록 놓치지 않을 것이요." 하고 같이 객잔으로 왔다.

그들 성·김 두 명은 벼르고 호통하여 김약수를 당장 끌어오고자 한다. 남파가 말하기를, "두 분이 정원을 따라가서 김 군을 보고 시당 선생의 부탁말씀이라 하고 시당 댁으로 초청하다가 순응하면 함께 오고 거절하면 두 분의 수단대로 하시오. 우리는 동지 여러 명을 규합하여 시당 댁으로 모여서 대기하리라." 하였다. 성·김 두 사람은 김좌진을 따라갔다. 본시 김약수는 경남인으로 지난겨울 본국에서 수만금을 휴대하고 청도를 경유하여 길림에 이르러 개척사업을 경영코자 하다가 동지들이 모여들어 독립운동을 추진하고 있는 동기를 간파하고 자기 소지품에 손실이 돌아올까 하여 도피함이라. 성낙신·김문삼은 합병 당시부터 의병에 종사하다가 마침내 서간도로 건너와서 모험행동을 자기의 본령으로 생각하고 불의한 일을 보면 조금도 용납지 아니하고 행동하는 터이므로 가히 적수상봉敵手相逢이라.

2명이 정원을 따라간 뒤에 나 역시 젊고 기운이 팔팔하여 호기심으로 그들의 행동을 구경하고자 2명과 정원의 뒤를 따라 정원의 집 담 밖에서 걸음을 멈추고 동정을 살피니 2명이 약수를 보고, "시당 선생이 약수 씨를 보기를 청하므로 우리가 일부러 왔으니 가겠소?" 하니 약수가 즉시 응낙하고 2명을 따라가고 정원·송재일·박관해가 뒤를 따랐다. 나는 잠깐 피했다가 좀 늦게 따라서 시당 거처로 들어가니 모든 인원이 앉았고, 내가 들어간 지 근 반시간이 지나도 좌중이 모두 숙연히 말 한마디 없더라. 내가 김좌진을 향하여 격려하는 말투로, "정원 머리 위에 몽둥이를 가하는 것은 옳지 못한 것인가? 깊은 밤에 이처럼 초대하여 부른 것은 반드시 긴요한 일이 있겠거늘 모두가 의지하는 정원 장군이 한마디 말도 않으니 가히 괴상하고 의심스럽다." 하니 정원이 약수를 향하여 선언하기를, "군도 역시 유지라. 당장 분투할 이 좋은 기회에 작은 미끼로써 나를 속이고 달아나고자 하니 실로 가증스럽다. 내가 잠깐 욕스러움을 참고 있었음은 군의 마음을 떠보기 위함이다." 하고 정원은 자신의 옷 주머니 속에서 300원을 꺼내어 약수 면전에 던지고 다시 "그대가 이것으로 나를 꾀니 가증스럽다."고 말하니 성·김 두 사람이 계속하여 한바탕 꾸짖은 뒤 한때 잠잠하다가 약수가 발언하기를, "내 어찌 돌보지 않고 가리요. 여러분의 동정여하를 살폈더니 지금 여러분의 성의가 이렇듯 열렬하니 실로 감사하여 잊지 않고 아낄 것이 없다. 나의 소지품은 여관에 둔 행장 속에 있는데, 지금 내가 만일 혼자 가면 여러분이 믿지 않고 놓아주지 않을 것이니 좌중에서 어느 분이 나와 함께 가시겠는지요?" 성·김 두 사람이 응답하기를, "우리 두 사람 말고 누가 즐겨서 함께 가리요?" 하며 마차를 불러 타고 3명이 동승하여 달려가더니 좀 있다가 돌아왔다.

김약수가 시당 선생 앞에 나아가 말하기를, "이는 휴대한 금액이오니 다만 처분을 기다리나이다." 시당 선생이 비로소 발언하기를, "군이 여기 온 것은 내가 알기로는 따로 경영하던 바가 있었던 것이니 공과 사를 상반하여 함이 옳을 것이라." 하고 반액만 내놓게 하니 즉 1만 원이라. 그 나머지는 약수가 도로 휴대하고 각각 흩어졌다.

정월 26일 평양인 김모가 역시 황지개간을 위하여 길림에 도착하여 여러 날 있더니 소문을 듣고 찾아와서 6천 원을 제공하고 또 충남인 정명선鄭明善이 1천 원을 제공하였다.

정월 27일 시당 선생 댁에 모여 대한독립의군부大韓獨立義軍府를 조직하는데, 시당 여준 씨가 총재로 추내되고, 총무 겸 외무에 박찬익이요, 재무에는 황상규요, 군무에는 김좌진이요, 서무에는 정원택이요, 선전 겸 연락에는 정운해 등이 피선되었다.

정월 28일 의군부 부서를 정하고 시무에 착수하여 긴급회의를 개최하고 진행방침을 결정하니, 1.상해에 길림 대표를 파견하여 민속히 연락을 취할 것. 2.마필과 무기를 구입할 것, 3.가까운 각처와 구미에 선언서를 발송할 것, 4.서북간도와 러시아령에 민속한 연락을 취할 것, 5.자금모집을 위하여 비밀히 국내에 인원을 파견할 것 등 기타 여러 항이었다. 상해 대표파견은 나의 천거로 소앙이 선정되고 마필·군기매입은 김좌진이 중국인 여럿을 대동하고 러시아령으로 향하기로 하고 선언서는 조소앙이 기초를, 내가 인쇄 및 발송을 맡고, 서·북간도에의 연락은 성락신·김문삼이 맡고 국내에 들어가 자금조달운동은 정운해가 맡았다.

정월 29일 (양력 3월 3일) 오후에 상해 전보를 접하니 한성이 이미 움직였고, 또 상해서신을 접하니 임시정부 수립 예비로 각계지사들이 운집하였다고 하였다.

2월 1일 소앙과 상의하여 선언서를 기초할 새 소앙의 동생 조용주趙鏞周가 본국으로부터 돌아와 서로 도와 기초하였다.

2월 2일 경성에서 온 신문을 보니 양력 3월 1일(음력 정월 29일)에 경성에서 천도교주 손병희 이하 몇 사람과 불교주, 예수교 목사 및 학생 몇 사람 합 33인이 명월관에 모여 뜻을 정하고 탑동공원에서 민중을 소집하고 대한독립을 선언하며 선언서를 낭독하고 독립만세를 높게 부르니 민중이 계속하여 시위행렬을 진행하며 태극기를 높이 올리고 만세를 연창하니 이를 진압코자 경관과 군대가 출동하여 대혼란을 이루었으며 경향각처가 일치하여 시골 골짜기 벽지에 어느 곳을 막론하고 민중운동이 일어나지 않는 곳이 없었다.

2월 8일　정운해가 국내 대구로 출발하였다.

2월 9일　김약수가 봉천으로 향하였다.

2월 10일　선언서 4천부를 석판으로 인쇄하여 서북간도와 러시아령과 구미각국 및 북경·상해와 국내, 일본에 우편으로 발송하였다.

2월 11일　러시아령에서 마필과 무기 약간을 구입하였다.

2월 14일　76자의 긴 전보로 파리평화회의에 송전하여 한국독립원조를 소청하였다.

2월 17일　소앙을 길림 대표로 상해에 파견하였는데, 상해 임시정부 수립에 찬조금으로 2천 원을 인편에 부쳐 보냈다.

2월 20일　박의병朴義秉 부인 정 여사가 그의 동지 5~6명을 규합하여 낭자군娘子軍을 조직하겠다고 청하니 시당 선생이 허락하였다.

志山外遊日誌

상해 임시정부

1919년 2월 - 1919년 3월

1919년

2월 25일　단재 신채호 선생이 봉천으로 돌아왔다는 소식을 듣고 의군부의 주일보週日報를 간행하고자 내가 봉천으로 출발하였다.

2월 26일　봉천에 도착하니 단재 선생이 며칠 전에 북경으로 돌아간지라, 저녁 후에 차를 타고 길림으로 돌아왔다.

2월 30일　무기구입의 일로 남파가 중국인 친구를 데리고 대련으로 갔다.

3월 2일　정원이 동지 여러 명과 송화강 기슭에서 날마다 말 타고 달리는 훈련을 하니 위세가 엄연가상儼然可賞이라.

3월 3일　학주 댁으로 방문하니 학주가 없는지라. 그 부인에게 물으니 예전에 북간도에 윗분 몇 명이 찾아와 동반하여 상해로 출발하였다고 한다.

3월 4일　봉천에서 온 서신을 보니 작년 궁태보농장에서 동업하던 분들이 금년 경영할 농장일로 잠깐 오라고 하였으며, 또 이우열 씨가 상을 당하여 귀국하였는데 장례를 치르고 돌아갔다 하니 청하기도 난처하고 조문도 피할 수 없는 터이므로 시당과 남파에게 사정을 말하고 봉천으로 출발하였다.

3월 5일 봉천에 도착하여 여러분들과 의견도 나누고 농장일도 의논하였다.

3월 7일 볼일을 마치고 고별코자 하니 이우열 씨가 나에게 상해 임시정부 수립에 가서 참관하기를 권유하였다(내가 지난날 상해 동지들과 교의가 밀접한 까닭이라). 충심은 간절하나 여비가 없음을 고하니 대답이 여비는 적당히 쓸 만큼 말하면 지불하여 주겠다고 하므로 내가 오고 가는 차비와 1개월 객지에 묵을 비용을 합하여 400원을 청하니 쾌히 허락하였다. 내가 상해에 왕래하기로 작정하고 곧 그 사정을 길림 의군부에 서신으로 진술하고 반환은 약 1개월간으로 알렸다.

3월 8일 동래상회를 찾아가니 김사묵이 내게 말하기를 조용주가 여기 와서 어젯밤 차로 상해에 출발하였고 오늘 아침에 또 본국 평양에서 남자 2명과 여자 2명이 도착하여 상해로 가고자 하는데, 모두 나이가 어리므로 해외가 초행이라 언어와 방향이 생소하여 방황하니, 형이 출발하면 동행할 것을 권하노라 한다. 내 말하기를 믿을 만한 사람이면 동행이 무방하니 내일 아침에 차역으로 상봉케 하라 하고 돌아오는 도중에 김문삼을 상봉하니 며칠 전에 서산도로부터 왔노라 하며 다루茶樓로 안내하여 함께 차를 마시고 말하기를, "귀농장 동업인 오진홍이 나에게 대하여 하는 말이 자기 농자금 수만 원을 휴대하고 나를 따라 길림 의군부로 동거하겠다."고 청하는데, "선생은 반드시 잘 알 것이니 그 말을 믿을 수 있는가?" 하고 묻는다. 내가 생각해보니 분명 이는 이우열 씨가 중국은행에 저금한 것인데, 오진홍이 출납을 전임한 것이다. 내가 말하기를, "오 씨는 별로 자금이 없고 오 씨의 발언은 내가 생각건대 나의 숙부 이우열 씨의 저금인데 오에게 전임하여 출납하는 것인 듯하니 신중히 하라" 하고 돌아가서 이우열 씨를 대하여 차마 직언하지 못하고 다만 말하기를, "금전의 저금출납은 타인에게 위임하여 출납하는 것이 항상 위험하니 극히 주의하라"고 권고하였다. 날이 저문 뒤에 봉천시가의 물정이 자못 어지러워 살펴보니 오늘밤에 조선거류민이 집회를 열어 독립시위운동을 거행한다 하며 물의物議가 소란하였다. 나도 생각해 보니 이곳에서 이날 밤을 경과하다가 만일 뜻밖의 재앙을 당하면 상해 출발이 중지될까 우려하여 당일 밤 출발키로 마음먹고 차역에 나가 승차하였다.

3월 9일 아침에 산해관에 도착하니 차를 바꿔 타야하므로 하차하여 객잔에서 아침식사하고 다시 승차하여 늦게 천진에 도착, 열래객잔悅來客棧 누상樓上 8호실에 입주하고 저녁식사 후에 밖에 나와 난간에 의지하여 내려다보니 마침 새로 여행객 4명이 들어와 인력거에서 내리니 여관 소사가 위층으로 안내하고 내가 있는 맞은편의 두 방에 머무르니 남녀가 객실로 들어가는데 옷이나 행동거지가 중국인 같지 않았다. 내가 생각하니 어제 동래상회에서 김사묵이 부탁하던 평양에서 온 남녀 4명이 바로 이들이 아닌가 싶으나 확실히 알 수가 없더라. 또 내 젊은 호기심으로 마침내 경보로 발소리를 죽이고 그 방문 밖에서 난간에 의지하여 내려다보며 말소리를 엿들어 보았으나 방안에서 주고받는 말이 극히 낮아서 말소리를 분별하기 어려웠으나 중국어가 아닌 것은 확실하였다. 나는 방으로 돌아와 잠깐 쉬고 시가에 나가 밤경치를 보니 천진은 중국 북방 제1의 대도시라 건축과 물화가 상해에 뒤지지 않았으나 다만 범위가 좀 작았다. 자죽림紫竹林에 이르러 구경하고 손가방 한 개를 사가지고 돌아왔다.

3월 10일　아침식사 후 소사를 불러 식비를 청산하고 차를 불러 차역에 출발코자 하다가 문득 어젯밤에 도착한 네 명의 손님이 어느 나라 사람인지 알고 싶어 멈추고 기다렸더니 얼마 후에 4명이 역시 숙박료를 지불하고 인력거를 불러 타고 차역으로 향하는지라, 나 역시 승차하고 뒤를 따라 역으로 도착하여 매표하고 역시 그들을 따라 승차하여 그들이 앉는 자리를 살피다가 나는 그 뒷좌석에 앉아서 말소리를 살펴 들으려 하였으나, 그들이 역시 나를 의심하는 듯 힐끗힐끗 나를 돌아보며 발언하지 않더니 잠시 후 4명이 다른 찻간車間으로 자리를 옮겼으므로 어디 있는지 보이지 않았다. 생각건대 그들은 나를 탐정으로 의심하고 두려워서 피하는 듯하였다. 나는 체면을 돌아보아 추적 않고 그 자리에 앉아 창밖을 내다보니 차는 운하와 병행하여 달리는데, 운하에 상선의 왕래가 끊임없어 교역이 빈번한 듯하였다. 내가 진포철도선津浦鐵道線에는 초행이라 지나가는데 옛날 사적을 보니 감상에 젖게 되었다. 어제 통과한 산해관은 진황이 6국을 병탄하고 엄연히 홀로 북호北胡를 봉쇄코자 큰 노역을 일으켜 만여 리를 연장하여 만리장성을 쌓으니, 당시에는 전에도 없었고 앞으로도 없을 거대한 사업이었으나 지금에 와서는 국방에 추호도 효력이 없고 다만 어마어마한 고적일 뿐이다. 오늘 지나는 운하는 수나라 황제가 남조를 통일하고 호연자만浩然自滿하여 행락을 누리고자 운하를 만들어 수천 리를 호수 같이 넓게 흐르게 하니 그 시절에는 호화방탕한 낭비이나 지금에 와서는 교역에 막대한 공적을 빚어냈으니 시대의 변천과 사회의 발전에 따라 유적의 운명도 허와 실이 상반되도다. 석양에 황하를 건너 제남濟南에 도착하니 해는 이미 저문지라. 바깥 경치를 관광치 못하고 차창에 의지하여 잠이 드니 중국인들이 떠드는 소리만이 들릴 따름이었다.

3월 11일 아침에 번양호潘陽湖 서안을 통과하는데 호수가 끝이 없고 배와 배가 숲의 나무처럼 빽빽하게 늘어서 있는데 아침 해가 비스듬히 비추니 경치의 찬란함이 별천지에 이른 듯하였다. 석양에 서주徐州를 지나 포구에 다다르니 해는 이미 서로 기울었다. 하차하여 양자강 연락선을 타고 한 시간 걸려서 남경南京 하관下關에 오르니 밤 11시였다. 하관은 남경 서문 밖이요, 호녕선滬寧線 기점이라. 역 앞에 이르러 차를 기다리는 중에 전등 아래로 엿보이는 남녀 4명은 어제 천진에서 추적하던 인물들이라. 역 한 모퉁이 나무 그늘 밑에 둘러앉아서 소곤거리는데 내 마음이 즐거우며 또 이 지방은 일정이 앞에 있을지라도 두려울 것이 없으므로 내 방심하고 그들에게 다가서서 밝게 "귀객이 조선인이 아니십니까?" 하니 4명이 일제히 놀라 일어서며 벌벌 떠는 소리로 일부러 애매한 태도로 응하다가 홀연히 자취를 감추고 다시 보이지 않았다. 그들은 처음 해외로 나와서 겁만 많은 사람들이라고 생각하고 승차하였다.

3월 12일　이른 아침 상해역에 도착하여 하차하니, 어젯밤 도피하던 남녀 4명이 2등간에서 하차하여 인력거를 타고 달려갔다. 나는 상해가 낯익은지라 대신여관大新旅館으로 바로 가서 3층루 6호실에 머물며 아침식사 후에 환구 중국 학생회관으로 가서 신예관 선생에게 명함을 전하여 달라고 부탁하고 두루 관광하다가 정오에 여관으로 돌아와 오찬하고 책자를 보고 있는데, 예전에 같이 묵은 친구 조동진이 찾아와 인사한 뒤 먼저 묻기를, "누가 찾아온 사람이 있는가?" 내가 말하기를, "아무도 없다." 하고 대답하자 조 씨가 말하기를, "요즘 상해의 우리들 정세가 예전과는 크게 달라서 각자가 사심을 품고 서측자금西側資金이 오면 서인西人이 감추어 내놓지 않고, 남측자금이 오면 남인이 역시 숨기고 내놓지 않는 형편으로 시세를 보아 집권출세만 욕심내어 바라고 있는 상태이니 참으로 한탄스러운 실정은 형이 잘 알고 계실 것입니다." 하고 여러 시간 이야기를 한 뒤 돌아가고, 석양 무렵에 삼강三崗 신건식申健植이 찾아와 인사한 뒤 또 먼저 묻기를, "누가 이미 먼저 찾아왔었던가?" 한다. 내 대답이, "조동진 군이 찾아와 이야기하고 돌아갔다." 하니 말하기를, "어떤 말이 있었더냐"고 하기에 조의 말한 바를 그대로 전하니 삼강도 역시 "진실로 그렇다." 한다. 또 "지금 상해는 동고동락한 친한 친구도 역시 믿을 수 없는 터이라." 한다.

예관 선생의 안부를 물으니 삼강이 말하기를, "그분이 요즘 여러 가지로 상심하여 몸이 불편해 병원에서 치료 중이라" 한다. 이어 소앙의 안부를 물으니 호해滬海여관 3층 9호실에 있다 하고 저물녘에 삼강이 돌아갔다. 저녁식사 후 호해여관으로 가서 소사의 안내로 3층 9호실의 문을 두드리니 소앙이 문을 열고 맞아 주는데 그의 동생 조용주가 먼저 와서 있었다. 각각 인사를 나눈 뒤에 상해 정세와 길림 근황을 서로 진술하니 파리특사는 김규식 박사로 선정되어 목적지에 도착한 전보가 왔고 미주의 이승만 박사와 안창호 선생은 상해에 올 예정이며, 이동녕·이시영 두 명은 상해에 이미 도착하여 사업에 노력 중이요, 예관 선생은 신병으로 입원치료 중인데, 현재 상해 임시정부 수립에 대하여 각료로 두터운 명망을 가진 이는 이승만·박용만朴容萬·안창호·이동녕·이시영·신규식·김규식 같은 분들이 당선될 줄로 생각하고, 그 외는 상해에 도착하는 대로 선택될 것이라 하며, 소앙이 기초하던 초안을 보이며 말하기를, "이것이 우리 임시정부에 응용될 헌장인데, 기초를 나에게 전임하는 고로 방금 동생과 상의 중인데, 마침 참석하였으니 같이 토론할 수 있어 다행이라. 제1의원선거에 대하여 현재 현지에 있는 우리들이 각 방면의 정도와 수준에 따라 연령 20세 이상으로, 학식은 중학 정도 이상으로 하고, 지방별로는 현지에 주재인원이 많지 않으니 모두 13도에 남북도로 되는 데는 남북에 각 3명씩, 전체 도에는 4명씩으로 임시정원하는 것이 적합하다." 하며 기타 여러 가지를 토의하다가 밤이 깊어 돌아왔다.

3월 13일　삼강과 동반하여 예관 선생께 찾아가니 병세는 그다지 심하지 않고 다만 마음속의 화가 대단한 듯하였다.

3월 14일　소앙과 동반하여 석오石吾(이동녕)·성제省齋(이시영) 양 선생에게 인사하고 길림 근황을 서술하고 각처에서 상해에 대한 기대가 크다는 상황을 진술하였다. 원주인原州人 한기악韓奇岳이 같이 살더라.

3월 15일　김충일의 처소로 옮겼다.

3월 16일　우천藕泉 조완구趙琬九 씨를 방문하고 여러 해 동안 쌓인 회포를 풀었다.

3월 17일　국내 평양에서 홍면희洪冕喜 씨가 도착하였다.

3월 18일　소앙이 나에게 말하기를, "현재 상해 정세로 말하면 각처에 흩어져있는 우리 동지가 상해를 중히 여김은 상해에 임시정부를 수립한다는 위세가 널리 퍼져서 그러하나 경제력이 극히 박약하고 인심이 단합되지 못하여 자금을 갖고 온 동지도 있으나 각각 자기 주위 세력의 유도로 숨어서 기다리기만 하고, 나타나 협조하지 아니하니 애석한 일이라. 예전에 길림에서 행하던 방법으로 강권출자强勸出資케 함이 어떠하뇨." 내 대답하기를, "길림과 상해를 서로 비교하자면 지역의 문명과 인품의 우열이 현격하고 또 이에 모인 인원은 대개 큰 덕과 희망을 가진 이가 많은 중에도 정세가 단순하지 못하니 행동을 가볍게 못하리니 실행하려면, 첫째 두려워 따를 만한 배경을 수립하여야 할 것이요, 둘째는 주동하는 측에서 먼저 만원이라도 선출하여 놓고 각 방면에 자금을 요청하여야 일이 반드시 이루어질 것이니 나의 생각으로는 급무가 현재 국내에서 새로 오는 청년들의 사상이 오로지 순수하게 매진하고 추호도 사사로운 마음이 없으니 그네들을 단결시켜 그윽한 장소를 택하여 능력 있는 선생을 맞아다가 그 청소년들에게 무기무예를 연습도 하고 만들기도 교육하면 오는 청년의 보무처報務處도 되고 남이 두려워할 배후기관도 될 것이요, 셋째는 몇 년 전에 예관 선생이 중국으로 넘어올 때에 그의 동지 정두화鄭斗和와 약속이 있으니 만일 유사지시有事之時를 당하면 거액의 자금을 조달하겠다는 오래전에 한 약속이 있는데 또 몇 년 전에 박남파가 예관의 소개로 귀국하여 그 약속을 재조정한 사실이 있으니 예관 선생과 상의하여 그 약속을 실행케 하면 그 자금을 먼저 출자하고 각 방면에서 갖고 온 자금을 모으면 안 될 일이 없을까 한다." 하니 소앙이 말하기를, "그것이 옳다." 하고 내일 제1건을 실행키로 하였다.

3월 19일 소앙과 동반하여 석오·성제 두 선생 처소에 가는데 소앙이 말하기를, "이번에 가서 제안할 건은 나로서는 좀 말하기 어려운 점이 있으니, 지산이 발언하는 것이 좋을 것 같다."고 하였다. 석오 선생을 뵙고 인사를 여쭌 뒤에 내 말하기를, "지금 유사시를 당하여 만주와 러시아령에 흩어져 있는 동지들이 모두 정신을 똑바로 차려 상해 정부 수뇌의 어떤 지령을 기다리고 있거늘, 방금 상해를 관찰해보니 아직 두 건의 일이 성립하는 일이 없으니 불안한 마음을 절실히 느끼는지라. 감히 청컨대 비록 작은 기술이라도 힘에 따른 실천이 급하니 현재 국내에서 오는 청년이 날로 늘고 의지와 기개가 용맹스러워 한 가지 하고자 하니 속히 그네들의 귀속기관을 설치하여 그들로 하여금 단결하여 흩어지지 않게 함이 급무이고 만일 저들이 오래 방황하다 실망하여 각처로 흩어지면 상해의 무력함이 노출되리니 조속히 수습하시기를 바라나이다." 석오·성제 두 선생이 말하기를, "좋은 제안이다. 잘 설계해서 진행하면 필요한 것을 힘써 조달하리라." 하였다. 소앙과 나는 물러나와 소앙은 중국인 친구를 찾아가 능력 있는 선생을 널리 찾아 구하고 나는 그윽한 곳에 있는 가옥을 물색하였다.

3월 21일 상해 공동조계의 가옥 4칸을 임대하여 중국인 기술사 한 명을 초대하여 새로 온 청년 9명을 선택하여 기사의 교수로 폭탄조제를 연습케 하며 남는 시간에 권술拳術을 학습케 하였다.

3월 23일 의원선거를 진행하니 피선의원이 26명이요, 강원도는 아직 결원이었다.

3월 24일 동성 김덕진이 본국으로부터 봉천을 거쳐서 나를 찾아 상해로 도착하니, 한상희 및 여러 친구가 기밀을 통하고자 하여 일부러 보내 나를 찾게 한 것이다. 기꺼이 맞아 인사 후 국내 연락이며 오고가는 일을 상의하였다.

3월 27일 김충일과 함께 유병준柳秉俊의 처소를 방문하니 지난날 천진으로부터 추적하던 4명 중 남자 2명이 그 자리에 있는지라 주인 소개로 서로 인사하고 지난날 서로 기피하던 의혹을 이야기하였다.

志山外遊日誌

귀국 후 체포되다

1919년 3월 – 1920년 2월

1919년

3월 28일　며칠 전 소앙과 토의하던 제2건의 일을 실행코자 소앙과 동반하여 예관 선생께 가서 고하기를 일전 선생이 정두화 씨에 대한 오래된 약속의 실천 시기가 온 듯하오니 실천의 연락책임을 담당하겠다 청하니 선생이 한참 생각하다가 답하기를, "국내 왕래가 매우 위험하고 또 현재 뜻밖의 일을 당해 옛 동지는 다 각처로 흩어지고 나의 외로움이 심하였는데, 의외로 지산 한 명이 왔으니 나에게 위안이 크거늘 오늘 별안간 위험한 지역에 가는 것은 공과 사를 따져 적합지 않다고 생각하노라." 내가 말하기를, "사정은 그러하오나 무릇 일은 실천이 제일이요, 또 위험으로 말하면 위험을 피하고 일을 추진하지 못할 것이요. 또 동성의 경과한 바를 들으면 국경통과에 방법이 있다 하오니 심려마시기를 바라나이다." 또 소앙이 곁에서 지극정성으로 청하니 선생은 부득이 응낙하셨다.

3월 29일　국내에 출발하기를 결정하고 신적서함信跡書函을 휴대할 방법을 연구할 새 어제 중국 기서奇書에서 본 바를 이용하여 중국 서점에 가서 시집 중에 페이지마다 속지가 있는 책을 구하니 『이의산시집李義山詩集』이 그러한지라(책의 지질이 너무 얇으면 백지 한 장씩을 끼워 책을 제본한다). 『이의산시집』 1함을 구입하여 책을 뜯어 속에 끼인 백지를 빼내어 예관 선생께 드리고 소금물 진하게 풀어 선생의 친필로 소금물을 찍어 서신을 쓰니 소금물이 마름에 단순한 백지뿐이요 글자의 흔적이 없으나 만일 화롯불에 쪼이면 붉은색 글자의 모습이 분명하게 노출되는지라. 선생이 글을 다 쓰신 후에 다시 책 페이지 속에 끼워 책을 만드니 알아낼 리 없을지라. 심산 김창숙 씨는 곽면우 선생의 문인으로 면우 선생의 파리에 보내는 장서長書를 가지고 상해에 도래하였던 무렵에 참석한지라, 역시 이 방법으로 서함을 써서 부탁한 것이다.

4월 4일 동성과 동반하여 출발하는데 예관 선생이 눈물을 머금고 송별하면서 위험한 지역이라 하고 200원을 손가방에 넣으시며 말씀하시기를, "혹 위급할 때에 예비로 쓰거라." 하더라. 동지 여럿과 작별하고 상해역에 가서 승차하려니, 의외로 소앙이 다시 차창에 따라와 이르기를, "나도 며칠 뒤에 파리로 출발코자 하니 이것으로 작별인 듯하오. 이는 나의 비밀이라, 곁의 사람을 꺼리어 감히 발언치 못한 고로 지금 따라와 고별함이라." 하더라.

4월 5일 날이 밝아서 반양호潘陽湖에 이르고 제남을 지나 황하를 건넜다.

4월 6일 오후 천진에서 하차하여 또 열래객잔悅來客棧에 투숙하는데, 동성과 같이 밤에 나가 자죽림을 구경하고 여관으로 돌아왔다.

4월 7일 아침에 천진역으로 나가서 승차하고, 늦게 산해관에 도착하여 환승하였다.

4월 8일　오전 10시에 봉천역에 도착하여 천화의원天和醫院에 머물렀다.

4월 10일　봉천 조선인 거류민회로 가서 여행증을 교섭하였다. 이때에 국내 통행증이 시행되니 통행증이 없으면 안동과 의주 간을 통과할 수 없는지라. 때에 경성인 정병조鄭炳朝가 봉천 거류민회 회장이니, 민회회장이 통행증신권通行證信權이 있다 하여 가서 교섭한즉 회원이라야 된다 하여 입회하고 20일간 왕복증을 얻었다.

4월 11일　조선의복으로 갈아입고 동성과 동반하여 출발하는데 해가 저물 때에 안동현에 도착하여 하차하고 신태성여관愼台成旅館에 투숙하고 입국 정황을 탐문하니, '민회장의 증명으로는 용이하게 통과 못할 것이요, 그 증명으로는 근거를 삼아 일본 영사관에 교섭하면 여행증을 용이하게 얻을 것이다.' 하거늘 주인에게 부탁하니 주인이 과연 영사여행증을 얻어왔다.

4월 12일　동성과 동반하여 국경을 통과하는데 경관 세 명이 차에 올라 승객의 여행을 일일이 조사하여 보고 개개의 신체수색을 하더니 나와 동성에게 다가오매 여행증 2매씩을 제시하니 별로 묻지 않고 아무 장애 없이 지나가 날이 저물 즈음에 경성에 도착하여 가회동 집에 들었다.

4월 16일　거리로 나갔다가 돌아오는 길에 학환學渙 척숙戚叔을 뵈었다.

4월 17일　학환 척숙이 김유동과 같이 찾아와, "동농東農 김가진金嘉鎭 씨가 상해에 가고자 하는데 앞길을 상의하여 군을 보려하니 한 번 가서 뵙고 오라." 하나 내가 신변을 항상 주의하는 고로 출입의 번잡을 꺼려 응하지 않으니 김유동이 계속하여 말하기를, "동농 자제 김의한金毅漢이 정두화의 매부라, 의한이 인도하면 정을 심방하기 용이하다." 하나 나는 응하지 않고 정의 주소만 찾아보도록 하였다.

4월 18일　김유동이 또 와서 동농의 초청을 전하고 정의 주소탐사는 그 아들에게 맡길 터이니 염려하지 말고 자기와의 동반을 청하거늘, 마침내 동농 댁으로 같이 가서 상해로 가는 노정과 통행방법을 진술하고 그의 아들과 내일 동반하여 정두화 방문을 약속하였다.

4월 19일　김의한의 안내로 다옥동여관茶屋洞旅館 뒤쪽 밀실에서 정두화를 찾아 인사하고 서함을 전하고 예관 선생의 근황이며 상해정세를 전달하고 기대하던 바 약속이행을 청하니 정이 말하기를, "시기가 온 만큼 약속을 실천할 터이나 현재 나의 처지가 저들 일본인의 주목 중에 있어 나의 동작을 일본 경찰이 감시밀찰 중이며, 소위 나의 가진 돈이 전부 은행에 예금되어 있는데 시국이 무엇을 숨길 수가 없어 단 천원만 은행에서 찾는 데도 그 씀씀이 전후를 조사하여 캐묻기 때문에 의심이 없어야 내주니 좀 거액이라면 감히 생각도 못하고 단 만원이라도 찾아내자면 특별계책을 생각하여야 할 터이니 시일이 지체되리라." 하고, 상해 정세에 대하여는 자기 의도에 아주 맞지 않는다고 말하더라. 정의 생각에는 의친왕을 초대영접하여 군주제로 정부를 수립하는 것이 각 방면으로 보아 적합하고 민주공화제는 시기상조라 아직 부적당하게 생각한다 하더라. 오찬 후 며칠 내에 다시 만나기로 하고 돌아왔다.

4월 21일　천봉天峰 김정기金正琪가 방문하여 품은 이야기를 나누었다.

4월 23일　학환 척숙이 찾아와 벽초의 공판 일정이 모레 오전 10시이니 재판소 앞마당으로 동반하여 가보자고 하나 나는 출입의 번잡을 꺼려 대답을 안 하였다.

4월 25일　학환 척숙이 또 찾아와 오늘이 벽초 공판이니 군도 같이 가자고 하므로 부득이 따라가서 그때 죄수를 실은 차가 도착하고 과연 벽초가 하차하여 들어가니 다만 바라볼 따름인데 비감한 회포만 자아냈다.

학환 척숙이 곁에 있는 사람을 소개하니 괴산 인사 김용응金鏞應이라. 김이 학환에게 말하되, 자신의 집에 영남학생 두 명이 올라와 상해에 가고자 하는데 노정과 통과정형을 알지 못해 걱정하는 중이라 하니 학환은 나를 보며 지도를 부탁하니 김이 학환에게 모레 나와 동반하여 찾아가기를 간청하니 학환은 허락하였다.

4월 27일 학환 척숙이 거듭 찾아와서 김용응 댁에 같이 가기를 청하므로, 내가 재삼 사양하니 말하기를, "내가 이미 승낙하였으니 약속을 지켜야한다. 또 군과 동향인이요 그도 역시 지사며 또 노련하고 성실한 사람이라 꺼리지 말고 한번 가라." 내 부득이 따라서 김 씨 댁으로 가니 이때 승지承旨 송규헌宋奎憲 씨 역시 그 자리에 있었다. 이야기 중에 주인이 두 명을 불러 소개하기를 어제 말한 영남학생인데 지금 상해로 가고자 한다 하며 두 명이 말하기를, "저희들이 상해로 출발코자 하나 노정 방향을 전연 알지 못하니 감히 지도를 청하는 바입니다." 하므로 내가 말하기를, "나는 봉천에서 농장 경영을 하니 상해 노정은 잘 아는 바요. 몇 년 전에 내가 상해에 여러 해 체류한 고로 자못 생소치 않으니 조만간 내 처소로 오라." 하고 나의 주소를 가르쳐 주었다(한 사람 성은 馬요, 또 한 사람 성은 李라 함).

4월 30일 어제 만났던 영남학생 이 씨가 찾아와 말과 행동거지가 심히 쑥스러운지라, 내 마음 불쾌하여 거듭 상대치 않고자 하여 말하기를, "나는 조만간 다른 곳으로 떠나려 하므로 좀 늦어질 것이니 공은 먼저 봉천의 나의 농장으로 가서 기다리면 오래지 않아서 내가 봉천으로 돌아갈 것이라." 하니 이 씨의 말이, "친구 마 씨가 지금 그 누이가 경영하는 동양루東洋樓에 있어서 선생을 기다리고 있으니, 청컨대 동반하여 가십시다." 한다. 내가 굳이 사양하니 이 씨는 그대로 돌아갔다.

5월 3일 이 씨가 거듭 와서 청하기를, "친구 마 씨가 동양루에서 선생의 방문을 기다리고 있다." 하거늘 사양하고 내일로 미루었다.

5월 4일 생각건대 이 씨의 행동거지는 단정치 못하나 마 씨는 노련하고 성실하니 다시 한 번 보고자 동양루로 향하는데 한 쌍의 백로가 상공을 날아가며 길게 울며 똥을 떨어뜨리니 나의 의관에 모두 똥이 떨어졌다. 마음이 몹시 불쾌하나 이미 나선 길이라서 마 씨를 방문하니 거동이 역시 이상스러웠다. 마 씨에게 말하기를, "먼저 봉천으로 가서 나의 농장에 머물러 있으라. 내일 내가 지방으로 가면 좀 늦어질 것이라." 하고 앞문으로 나가서 서쪽으로 가니 앞면에 양복 입은 사람이 있어서 지나는 사람을 보는지라 의심스런 마음이 생겨 남쪽으로 향해 가니 전면에 또 한 사람이 있어 북쪽으로 가니 또 같은 모습을 한 사람이 있으므로 동쪽 큰길로 가니 갑자기 두 명이 손을 잡고, "당신이 정아무개요?" 내가 말하기를, "그러하다. 노형은 누구요?" 그가 말하기를, "잠깐 물을 말이 있으니 건너편으로 가자"며 나를 끄는지라, 나는 생각하기를 체포당한 줄 알고 따라가니 단성사團成社 뒷마당이라. 이미 6~7명이 둘러서니 모두 소위 형사대라. 나의 몸이 약한 것을 보고 모두 흩어져 가고 다만 두 명이 나를 양쪽으로 끼고 큰 길을 따라 동산東山 밑 군사령부로 직행하더니 사령부를 지나 경무총감부로 향하여 마침내 구금하였다. 저물녘에 당직순경 한 명(조선인)이 와서 감옥창을 엿보고 작은 소리로 공이 무슨 일로 체포되었느냐고 하였다. 나는 감옥에 갇힌 단서를 찾고자 하여 답하기를, "나는 지금 경북인 마모某, 이모某와 상의할 일이 있어 서로 만나다 이런 지경을 당했다." 하니 경졸이 놀라서 말하기를, "아, 마경부馬警部가 또 저질렀도다." 내 이 말을 들으니 내가 마 씨에게 속은 것을 확실히 깨닫게 되었다. 아, 나의 우매함이 여기까지 이르게 된 것인가 자탄과 역시 액을 피할 수 없는 것인가 보다. 내가 겪은 바를 스스로 이해하지 못하였다.

5월 5일 오전 10시에 경졸이 수감문을 열고 심문실로 안내하니 일본 경부 한 명이 의자에 앉고 형사 3~4명이 나의 좌우로 벌려 섰다. 경부가 처음에 나의 이력을 묻거늘, "나는 약관으로부터 가정에서 출발하여 경성 북간 상해 남양 싱가포르[新嘉坡] 일본 고베를 거쳐 돌아오고 작년 봄에 또 봉천으로 떠나 농장에서 영농을 하다가 이번 봄에 또 농장일로 상해에 가서 농장지주 되는 중국인과 상의를 완료하고 탐문한즉 상해 임시정부가 조직 중인데 그 중 인원다수는 전날 상해에 머물 적에 아는 사람이라 하므로 방문하고 봉천으로 돌아가면 정미기계 구매차로 경성으로 향한다 하니 아는 친구가 돌아오는 편에 서신을 부탁하기에 갖고 와 전달하였노라." 하니 전한 곳을 묻거늘, "김우金愚의 서신을 이정수李貞秀와 이득년李得年에게 전하였고 그 외에는 아무것도 없다." 하니 경부와 형사대가 일제히 거짓말이라 호통을 치며 약 한 시간 수난을 당하고 감방으로 돌아왔다.

5월 6일 일찍 일어나니 창 밖에서 떠드는 소리가 들렸다. 내다보니 이정수와 이득년이 역시 붙들려 왔다. 이 두 명은 내가 상해로부터 출발 시 김창숙 씨가 부탁한 서신을 받은 이들이다. 이 때문에 체포된 것인데, 경졸이 또 문을 열고 나를 심사실로 인도하니 조선인 경부가 한복을 입고 의자에 앉았다. 경졸이 나를 의자에 앉힌 다음 경부는 온정이 있는 모습으로 몸소 차와 담배를 권하며 어제의 탐문에 대해서 별로 묻는 것이 없었다. 실없는 말들로 한가롭게 이야기를 나누며 반시간을 보내다가 감방으로 돌아왔다(이 경부는 자못 양심이 있고 미안해했다. 한담 시 말하길 자기 이름은 한완석韓完錫이니 형이 석방되거든 찾아주기를 바란다고 하고 주택번지를 써서 보여주더라).

5월 8일 또 불러서 몇 마디 묻고 한담을 나누고 차를 마시며 담배를 피며 시간을 끌었다. 이렇게 5~6일이 지나니 내 생각에 이 사람은 비록 그들에게 종사는 하나 자못 뉘우치는 기색이 보였다.

5월 18일 경부 한완석이 감방 밖을 순시하고 나의 방으로 와서 작은 소리로 방을 옮기라고 하고 갔다.

나는 무슨 뜻인지 몰랐더니 오후에 경졸이 문을 열고 나와 이정수, 이득년을 불러내어 밖으로 나가 법정에 이르러 검사를 받고 또 종로서에서 하룻밤 잤다.

5월 19일 서대문 형무소 9호 감방으로 옮겼다. 한 방에 9명의 죄수가 함께 있게 되었는데 모두 시골에서 붙들려 온 사람들이다. 이 형무소의 죄수들은 전부 정치보안위반범이니 손병희부터 33인 이하 총수가 3,600여 명이라 하였다.

5월 20일 오후 감방 안에 심히 소란하더니 각 감방이 서로 말을 전하여 오늘 저녁 전등이 켜짐을 기하여 일제히 거동한다고 하였다. 나는 이곳이 처음이라 알지 못하고 무슨 동기인지 몰랐더니 과연 전등이 켜지니 전 감옥 내 3천여 군상이 일제히 기동하여 발을 구르고 유리창을 깨며 만세를 높이 부르니 성세가 흉용하여 마치 천지가 무너지는 듯하였다. 나는 졸지에 이 지경을 보고 우두커니 서있는데 이윽고 교도소장이 간수 수십 명을 데리고 순방 엄칙하며 준책하고 위안도 하고 갔다. 감옥 안에서 대우에 대한 불평이 있어 가끔 이러한 거동이 있다고 하였다.

5월 27일 밖에서 의복과 식사의 차입이 있는지라, 생각건대 이는 집에서 내가 옥에 갇힌 줄을 알고 상경하여 차입한 듯하였다. 현재 감옥에 갇힌 몇 천 명은 모두 호화가정의 총명하고 준수한 자제라 말과 기예가 탁월한 점이 많은 사람들이었다. 감옥 안에 바둑놀이 기구며, 기타 놀라운 물건을 만들어 갖추지 않은 것이 없고 매일 담론하여 시국을 비판하며 혹 경기나 연극으로 서로 계속 소일하고 외부 소식을 밖에서 민감하게 알려주니 각 방 각 사람의 식사 및 차입물에 각기 친구 가족이 비밀 기입하여 빈번히 넣어주는 고로 들어온 것은 매 식사 후에 각 방이 서로 높이 부르며 상호 전달하니 별로 옥고를 느끼지 않으나 방 밖에 나가지 못하고 간혹 간수에게 견책하니 이것이 견디기 어려운 일이었다. 총감부로 이입 후 심문 한번 없이 날을 보냈다.

12월 29일 입감한 뒤 심문 한 번 없이 여름과 가을을 지내고 또 겨울을 지내니 모두 한참 때 나이로 실로 이는 억울하여 견디기 어려웠다.

경신(1920년)

2월 16일 (31세)　간수가 나를 방 밖으로 불러내어 법정으로 갈 것을 알렸다. 죄수차를 타고 법정에 이르니 즉 예심실이었다. 검사가 앉아서 전에 시끄러웠던 소문의 문서를 묻고는 별로 달리 묻는 말이 없이 감방으로 돌려보냈다.

2월 20일　또 법정에 불러내어 전일 심문하듯이 하고 돌려보냈다. 오후 3시에 또 불러 방을 나가니 출옥을 고하는지라. 수위실로 나가 전날 갖고 들어온 물품을 찾는데, 일일이 맞춰본 뒤에 옥리獄吏가 엽서 한 편을 주므로 받아 보니 부고였다. 작년 내가 투옥된 직후에 계모상을 당한 것이라. 그때 전하지 않고 이제야 비로소 전하는 것이다.

이정수·이득년이 역시 따라서 석방되어 도착하니 즐거이 인사하고 같이 감방문을 나와 먼저 기식사寄食舍에 가니 주인이 환영하여 본집으로 전보를 치고자 하였다. 내 말하기를, "아직 며칠을 기다려서 내 스스로 전보를 보내리니 염려 말라." 3명이 인력거를 불러 타고 여관으로 들어가 이득년은 본가로 돌아가 나와 이정수는 여관에서 함께 지냈다.

2월 21일　아침식사 후 나가서 한상희·오윤환을 방문하고 또 척숙 학환 댁으로 가서 인사드리고 또 김만진을 찾아가서 동성의 거취를 물으니 내가 잡힌 후에 상해로 도피했다고 하였다.

2월 23일　삼강 신건식이 상해로부터 서울에 와 모처에 있다고 하는 고로 즉시 찾아가 인사하니 삼강이 말하기를, "형이 만일 상해로 간다면 내가 마땅히 책임을 질 것이니 속히 거취를 결정하라." 하는데 나 역시 상해로 가고는 싶으나 내 스스로 생각건대 이대로 상해로 가면 계모상을 알고도 안 가는 것이니 가정에 대하여 짓는 죄가 막대하겠기에 주저하여 결정치 못하고 답하기를, "내가 다시 생각해보도록 용인하라." 하고 돌아왔다.

2월 24일　오윤환 댁을 방문하니 어제 형님이 상경하였다. 기식사 주인이 한 고향 동생에게 일부러 시켜서 큰 형님이 전보를 받고 올라왔다.

2월 25일　삼강 및 여러 벗과 작별하고 형님을 따라 귀향하여 상을 치렀다.

그 후 여러 달 상을 지낸 후에 가세의 영패零敗를 살피고, 각자 분가하여 처자로 하여금 자립 생활 방법을 연습시키게 한 연후에 다시 해외로 나갈 계책을 도모하였다.

인명색인

ㅎ

지산외유일지

초판발행 ‖ 1983년 12월 30일
개정판 1쇄발행 ‖ 2018년 8월 30일

지은이 ‖ 정원택
엮은이 ‖ 홍순옥
펴낸이 ‖ 홍정수
펴낸곳 ‖ 탐구당
등록 ‖ 1950. 11. 1 서울 제03-00993호
주소 ‖ 서울특별시 용산구 한강대로62 나길 6
대표전화 ‖ 02-3785-2211
팩시밀리 ‖ 02-3785-2272
홈페이지 ‖ www.tamgudang.co.kr
전자우편 ‖ tamgudang@paran.com

값 14,000 원

ISBN 978-89-6499-039-1
978-89-6499-018-6 (세트)

이 도서의 국립중앙도서관 출판시도서목록(CIP)은
서지정보유통지원시스템 홈페이지(http://seoji.nl.go.kr)와
국가자료공동목록시스템(http://www.nl.go.kr/kolisnet)에서 이용하실 수 있습니다.
(CIP제어번호: CIP2018024342)